***ACCESO GRATIS** a la Lectura en la Nube*

Para visualizar el libro electrónico en la nube de lectura envíe junto a su nombre y apellidos una fotografía del código de barras situado en la contraportada del libro y otra del ticket de compra a la dirección:

ebooktirant@tirant.com

En un máximo de 72 horas laborales le enviaremos el código de acceso con sus instrucciones.

La visualización del libro en **NUBE DE LECTURA** excluye los usos bibliotecarios y públicos que puedan poner el archivo electrónico a disposición de una comunidad de lectores. Se permite tan solo un uso individual y privado

Editorial
EAFIT

tirant
lo blanch

Derecho y tiempo

Un ensayo sobre cronojusticia y derecho al tiempo

Mario Montoya Brand

Montoya Brand, Mario
Derecho y tiempo : un ensayo sobre cronojusticia y derecho al tiempo / Mario Montoya Brand. – Medellín : Editorial EAFIT, Tirant lo Blanch.
125 p. ; 17 cm. -- (EAFIT- Tirant).
ISBN 978-84-1071-281-2
1. Teoría del derecho. 2. Tiempo (Derecho). 3. Plazo legal. 4. Percepción del tiempo. 5. Derecho – Ensayos, conferencias, etc. I. Tít. II. Serie
340.1 cd 23 ed.
M798

Universidad EAFIT- Centro Cultural Biblioteca Luis Echavarría Villegas

Derecho y tiempo

Un ensayo sobre cronojusticia y derecho al tiempo

Primera edición: octubre de 2024

© TIRANT HUMANIDADES
EDITA: TIRANT HUMANIDADES
Calle 11 # 2-16 (Bogotá D.C.)
Telf.: 4660171
Email: tlb@tirant.com
Librería virtual: www.tirant.com/co/
ISBN 978-84-1071-281-2

© Editorial EAFIT
Carrera 49 No. 7 sur – 50. Medellín, Antioquia
http://www.eafit.edu.co/editorial
Correo electrónico: obraseditorial@eafit.edu.co
DOI: https://doi.org/10.17230/9788410712812lr0

Universidad EAFIT | Vigilada Mineducación. Reconocimiento como Universidad: Decreto 759, del 6 de mayo de 1971, de la Presidencia de la República de Colombia. Reconocimiento personería jurídica: Resolución núm. 75, del 28 de junio de 1960, expedida por la Gobernación de Antioquia. Acreditada institucionalmente por el Ministerio de Educación Nacional hasta el 2026, mediante Resolución 2158 emitida el 13 de febrero de 2018.

Índice

Introducción

Este ensayo nació de las molestias que yo experimentaba haciendo filas. Acompañar a mi padre para que le fuera entregado el dinero de su pensión y a un amigo para que tuviera acceso a los servicios de la salud pública significaba permanecer de pie horas y con la taquilla apenas en el horizonte.

Transcurrido cierto tiempo en cualquiera de esas interminables colas, molesta la más mínima falta de diligencia. Inclusive la de alguna de las personas que están con nosotros ahí, en la espera. Pero mientras estamos en la cola solo nos interesa lo que pasa con las personas que van adelante; las de atrás dejan de interesarnos. Y una vez somos atendidos, nos marchamos y olvidamos el asunto. Y a la gente. Tardé algún tiempo en entender que nadie que estuviera en la cola retrasaba la atención. Direccioné entonces mi molestia exclusivamente hacia las instituciones y empresas que nos mantenían ahí, uno tras otro, esperando. Disponibles en fila.

Con el tiempo noté que hacíamos colas para todo: para acceder a los beneficios como desplazados por el conflicto armado, para pagar la cuenta en el supermercado, para ingresar al cine, para comprar los tiquetes de cualquier espectáculo, para comprar gasolina o cambiar moneda. En casi cualquier parte y casi a cualquier hora hay muchas personas haciendo filas por algo. Me impactó particularmente saber que durante el holocausto nazi los judíos eran obligados a hacer colas para ser exterminados. Pasaron la vida haciendo colas y sus vidas terminaron al final de una fila más, esa última. Recientemente asistí a un velorio en el cual el féretro que nosotros acompañábamos tuvo que "esperar" a que concluyeran dos misas previas: los dolientes hicieron colas para que sus fallecidos recibieran sus honras fúnebres.

Este transcurrir de la vida mientras esperamos algo en una cola me hizo pensar en el tiempo. Después de todo, el tiempo de espera no necesariamente da lugar a un tiempo "perdido" y la suspensión de otros tiempos en los cuales transcurren otros compromisos a veces favorecen ciertos hallazgos. Era mi primera indagación acerca de algo tan inconmensurable. Con algo de dedicación y de manera desordenada, empecé a estudiar el tema hace algunos años. Me esforcé por no organizar libros en fila, esperando, sino por leer de manera dispersa a filósofos, economistas, politólogos, sociólogos, historiadores, geógrafos, físicos, etnógrafos, escritores, poetas, lingüistas y pintores. El tiempo era una preocupación más o menos extendida en esos campos. Sus reflexiones me dejaron perplejo. Con ellas entendí que el problema de las filas era quizá solo un efecto parcial de ciertos acontecimientos y de las formas de organizar nuestras sociedades. Los autores consultados me mostraron que el asunto del tiempo era problemático para nuestras sociedades en áreas que nunca había considerado. Ahora no podía apartar el tiempo de mi interés y me desconcertaba el hecho de que solo hasta ahora me hubiera interesado en ello, pues el tiempo estuvo siempre ahí y muchas de mis viejas preguntas pasaban por su trayectoria. Pero no lo veía, sentía angustia por el tiempo, pero desconocía su profundidad, tal como nos lo hace advertir Henri Lefebvre en *La producción del espacio* (1974, 151).

Noté rápidamente que la fascinación que me producían esos conocimientos acerca del tiempo apenas guardaba alguna relación con el derecho. Recordé mis clases como estudiante en la Facultad de Derecho y Ciencias Políticas de la Universidad de Antioquia, y no encontré que el tiempo fuera un tema relevante más allá de la vigencia, es decir, de la forma típica en la cual el derecho habita el tiempo. Me resultó llamativo el poco interés que el tiempo provoca en los juristas, si se lo compara con el que suscita en otras ciencias y disciplinas. Finalmente, la ausencia de alguna reflexión sobre el tema en mis propios cursos de Teoría del Estado y la Constitución se vio subsanada al asumir recientemente el curso Introducción al Derecho en la Universidad EAFIT, en el cual he incorporado la preocupación por esclarecer la relación entre el tiempo y el derecho.

Tengo la impresión, probablemente injusta, de que los teóricos del derecho no se han ocupado suficientemente del tiempo y su relación con el derecho. En la mayoría de sus estudios, particularmente aquellos publicados por los autores clásicos, el tiempo solo existe como vigencia. Desde luego que la vigencia es un campo valioso y fértil, pero considero que es posible identificar y dimensionar diferentes expresiones de la compleja relación que hay entre el tiempo y el derecho.

Esa complejidad la podemos entrever al aproximarnos a los intentos por esclarecer su naturaleza –y los desconciertos que a veces ellos suscitan–, al seguir unos cuantos planteamientos formulados desde las demás ciencias y disciplinas del conocimiento que se han ocupado del tiempo.

De manera muy sucinta, para algunos filósofos el tiempo es un problema mayúsculo, que excede la capacidad de la ciencia y que solo podría dilucidar la filosofía, sin embargo, no parecen haber dado con su naturaleza, es decir, no ha sido posible establecer con cierta claridad qué es el tiempo. No parece que fuera un fluir, como lo propuso Heráclito, porque no queda claro qué es lo que fluye; tampoco pareciera tener la razón Aristóteles al sostener que el tiempo es el número del movimiento según el antes y el después, en razón de que los términos "antes" y "después" presuponen la existencia del tiempo indagado; Hedwig Conrad-Martius cuestiona la dirección en que fluiría, si es que fluye, esto es, ¿el tiempo transita del futuro hacia el pasado o es a la inversa?; ¿acaso el tiempo es un *a priori*, como lo propone Kant?, es decir, autónomo respecto de los fenómenos mismos, una suerte de condición de nuestro propio entendimiento; o bien, el tiempo es el instante, el presente, este momento concreto en el que digito estas líneas, pero muchos filósofos niegan que el presente discernible exista, aunque advierten, de inmediato, que el pasado y el futuro tampoco son reales. Agustín de Hipona recogió el desconcierto en su famosa conclusión: "¿Qué es el tiempo? Si nadie me lo pregunta, conozco la respuesta; pero si quiero darlo a conocer a quien me indaga, no lo sé". Algunos observan que la filosofía ha dejado de pensar en el tiempo, pues en los últimos siglos han sido la astronomía y la física las que han hecho los mayores avances respecto de esclarecer su especificidad.

La astronomía y la física han transitado de entender el universo como una estructura mecánica y estable sujeta a leyes eternas, de cierta manera inmutable dentro de la cual el tiempo es un transcurrir lineal que viene del pasado, pasa por el presente y se desplaza hacia el futuro, a comprender que existe un solo tejido espaciotemporal en el cual la gravedad define el transcurso del tiempo que pasa a ser relativo a la velocidad y posición de quien lo experimenta y mide. El tiempo es relativo y nunca es el mismo para nadie. Interesa también subrayar que la física no conoce leyes universales que con toda certeza nieguen la posibilidad de viajar hacia el pasado o de acelerar nuestro viaje natural en el tiempo para llegar con más rapidez al futuro.

Para la sociología que siguió los estudios de Durkheim, especialmente para Norbert Elias y Anthony Giddens, el tiempo es una construcción social, esto es, cada cultura crea su propio tiempo. No es algo objetivo ni tampoco estrictamente individual, sino el resultado de las experiencias humanas colectivas fruto de la larga duración. Al aplicar a este asunto las ideas de Panikkar (1993) respecto del "pluralismo radical", puedo notar, adicionalmente, que la experiencia del tiempo es extremadamente plural ya sea desde lo individual o lo colectivo, ello por el carácter inagotable de la realidad. Una pluralidad tan extrema que al parecer transita del relativismo a la relatividad.

Podría continuar este listado describiendo cómo los lingüistas perciben que nuestros lenguajes dan cuenta de la forma concreta como las culturas entienden cada una su propio tiempo; o bien, la interdependencia que han captado los geógrafos entre espacio y tiempo y que impide hablar del tiempo sin una estrecha relación con el espacio. Anthony Giddens (1987) capta esta integración para el estudio de lo social.

Para los estudiosos del derecho el tiempo también ha sido relevante, pero, como ya lo advertí, casi exclusivamente como norma jurídica en términos de vigencia. La vigencia es una manera muy propia de concebir el tiempo en su relación con el derecho y es de una relevancia sin par si tomamos en cuenta el trabajo cotidiano que desarrollamos los juristas. Sin embargo, este ensayo aspira a delinear algunas ideas que demuestran que el tiempo es importante para el derecho en aspectos muy distintos. Las rutas para dar a conocer las relaciones entre el derecho y el tiempo son numerosas y se encuentran asociadas a las funciones que a menudo se le asignan al primero; esto, claro, dependiendo de las perspectivas y los enfoques específicos con los cuales se lo estudie y comprenda.

Probablemente los tres aportes centrales de este ensayo consisten, en primer lugar, en sugerir la necesidad de admitir que nuestras sociedades son profundamente injustas en materia de tiempo, para lo cual propongo crear el concepto de cronojusticia. En segundo lugar, y derivado del planteamiento previo, en sugerir la construcción conceptual del tiempo como bien jurídico, individual, social y colectivo. Por último, como corolario de estos dos planteamientos, en conceptualizar y declarar el derecho al tiempo.

Esos son los tres aportes centrales de este ensayo. La exploración de estas primeras notas sobre el tiempo y el derecho propone otras perspectivas que quedan recogidas en los siguientes seis capítulos:

Primer capítulo. El tiempo como convención y su juridificación. Aquí reconstruyo brevemente el proceso de elaboración del tiempo como una convención en la que convergen aspectos políticos, económicos, sociales y científicos, a partir de lo cual muestro que esas convenciones adquieren expresiones y formas jurídicas. Me intereso también en dejar claro que el tiempo es una imposición juridificada clave en el gobierno de las sociedades. Hacia el final, sugiero preguntarnos acerca de si ciertas tecnologías como la inteligencia artificial cambiarán nuestra manera de concebir lo humano y el derecho.

Segundo capítulo. Más allá de la vigencia del derecho. En este segmento declaro que los estudios tradicionales sobre la vigencia de las normas jurídicas son muy importantes, pero sugiero que es necesario identificar y explorar otras relaciones entre el tiempo y el derecho. Aquí me ocupo de hacer visible la que considero la enorme riqueza de la relación entre el tiempo y el derecho. Sugiero varias rutas de análisis: el problema de la unidad del tiempo en el derecho y los desafíos que debería implicarnos el hecho de que el tiempo estatal es un caleidoscopio de tiempos diversos y en parte incompatibles. Propongo pensar acerca del origen del tiempo en el derecho, esto es, indago respecto de cómo inicia el tiempo en el derecho. Luego, me ocupo de la norma fundamental de Kelsen y su relación con las rupturas y las transiciones jurídicas, lo cual me lleva a proponer que parte del sentido compartido acerca de un orden se encuentra integrado por el tiempo, y muestro algunas perplejidades al respecto. Así mismo, propongo considerar el problema de la percepción del tiempo jurídico, esto es, las maneras diversas y contrastadas como percibimos los plazos y términos en el derecho. Enseguida, formulo algunas consideraciones sobre la perpetuidad del orden jurídico y su posible relación con el temor a la inestabilidad política y el propósito de asegurar el futuro. Cierro con la idea de acuerdo con la cual un día presenciaremos las prácticas jurídicas de prohibir una cierta manera de concebir el tiempo, por ejemplo, prohibir cambiar el pasado o jugar con las bifurcaciones del tiempo.

Tercer capítulo. El fin de los tiempos y su derecho. En este fragmento del ensayo hago una corta reflexión sobre un eventual fin de los tiempos, entendido como un final próximo de la humanidad, y medito acerca de si el derecho es un instrumento valioso para responder a una situación extrema.

Cuarto capítulo. Sobre la velocidad de los órdenes jurídicos. En este segmento planteo algo que juzgo interesante: aplicar el concepto de velocidad a los sistemas jurídicos. Afirmo que los órdenes jurídicos pueden ser medidos y estudiados con base en la velocidad, por ejemplo, de sus procedimientos para producir decisiones; pero también, con base en la velocidad al llevar a cabo cambios dentro de sí mismos, la velocidad de la eficacia jurídica, por ejemplo, al materializar las normas jurídicas, la velocidad de interpretación jurídica, bajo ciertos contextos o condicionamientos; también me ocupo de la velocidad para adoptar cambios por inclusividad, y lo que considero como una necesaria reflexión sobre la emancipación respecto del derecho mismo; propongo, igualmente, plantearnos el asunto de la velocidad de la formación de sujetos jurídicos. Termino el capítulo con la pregunta acerca de si es conveniente construir órdenes jurídicos cada vez más veloces.

Quinto capítulo. Hacia un discurso de cronojusticia y cronoderechos. En este aparte propongo considerar que las sociedades contemporáneas son profundamente injustas en materia de tiempo. Esa injusticia se expresa de tres formas principales: contamos con poca libertad para usar el tiempo como lo prefiramos; existe una gran desigualdad entre las personas respecto de la disposición de sus tiempos; y, no se estimula la construcción de tiempos solidarios. A partir de estas ideas, enuncio la necesidad de construir el concepto de cronojusticia y cronoinjusticia. Ejemplifico estos conceptos con algunos campos de la regulación jurídica: la subordinación laboral, la asimetría entre sexos, los tiempos de espera y el tiempo intergeneracional.

Sexto capítulo. Sobre la definición o concepto del derecho: El lugar del tiempo. El ensayo se cierra con este aparte en el cual afirmo que es necesario revisar toda la teoría del derecho para incluir más centralmente el tiempo dentro de sus consideraciones y propuestas. Al efecto, insinúo rutas de estudio: analizo algunos aspectos de Kelsen y su *Teoría pura del derecho*, y también de Hart y su obra *El concepto de derecho*. Abordo, igualmente, algunos aspectos del realismo jurídico, a partir de las obras de Eugene Ehrlich y Alf Ross. Finalmente, declaro que este es un ensayo abierto en el cual convendría haber estudiado la ausencia del tiempo en la iconografía jurídica.

Si bien este es un libro académico en parte resultado de un proyecto de investigación, he querido comunicar estas ideas por la vía del ensayo, el cual cada vez ha perdido más fuerza y se encuentra a menudo desaconsejado. Por fortuna, Victoria Camps escribió una valiosa reflexión titulada *El declive del ensayo*, en la cual esboza algunos de sus usos que yo valoro positivamente: una conversación consigo mismo que adquiere un alcance meditativo; cierta tendencia a las percepciones subjetivas como forma de entender problemas con alcances no solo personales; un tipo de ejercicio reflexivo experimental; un esfuerzo de pensar un asunto aunque menos centrado en las pruebas y, como diría Foucault, con menos moral bibliográfica.

Este ensayo es un resultado tardío de la investigación titulada "La terminología política de Hans Kelsen, Fase I", desarrollada durante el año 2009, que ha contado con el apoyo de la Universidad EAFIT. En esta investigación concebí por primera vez el tiempo como un componente esencial del derecho, a partir de la proximidad que Kelsen había visto entre Dios y Estado y la conexión que hice entre la eternidad asignada a uno y la perpetuidad proyectada en el otro.

Primer capítulo
El tiempo como convención y su juridificación

Como advierte Norbert Elias, el tiempo es una construcción cultural. Existe el tiempo "científico", el tiempo "objetivo", pero la cultura construye su propio tiempo. El tiempo nos configura. Somos el tiempo. Se nos haría muy difícil pensarnos en el vacío del tiempo, algo así como un tiempo sin significado, como si estuviéramos fuera del tiempo: por ejemplo, cuán difícil es suspender la creencia o simplemente no olvidar que hay una convención según la cual mañana es jueves. No hay un tal jueves. Su día de cumpleaños es *solo* una convención social. No empezó tampoco un nuevo año hace unos meses, que tampoco existen; ni hubo ningún cambio de siglo hace un par de décadas. Solo hay días y noches, solo hay fases de la luna y del sol y, si ponemos algo de atención, ciertos movimientos de las estrellas. En la larga duración, solo hay nacimiento, vida y muerte. La falta de aquellos referentes pronto conducirá a que apenas –y con dificultad– distingamos entre el pasado, el presente y el futuro. Deshabitados por el lenguaje –una poderosa herramienta para construir y discernir el tiempo– careceríamos de su capacidad para diferenciar los tiempos verbales y designar un antes, un ahora y un después. En el siglo XIX Guyau (sin fecha, 39) hacía notar cómo nuestra lengua materna nos hacía comprender el tiempo a partir de los tiempos verbales. Para algunas culturas ancestrales el pasado, el presente y el futuro parecieran encontrarse en un mismo plano temporal o trocarse en una misma realidad. Parecieran esas culturas vivir en cierta "intemporalidad" (Grand, 1981, 232).

Ahora bien, cómo soportar la pesadez del transcurso del acontecer sin la esperanza que nos dan los nuevos comienzos. Nuestras vidas cotidianas están repletas de ellos: los que esperan un golpe de suerte que provenga de la lotería o los que confían en que un día se les aparezca la Virgen. Pero también los quemadores de libros y brujas que entienden que el fuego garantiza un cierre y un recomienzo. Y aquí, más inmediato, el recomienzo repetido de las vidas individuales y colectivas de nuestros desplazados por las guerras y las violencias. Ya sea que nos resulten más o menos aceptables, se trata de nuevos comienzos más decisivos que, de cierta manera, constituyen un cambio de sentido de nuestras vidas.

Algunos de los cambios hoy pueden ser menos relevantes: una vida llena de reinicios desorientados, insulsos y con poco significado. En efecto, las vidas de muchas personas criadas por las empresas de videojuegos y otras semejantes se viven con la estructura misma de esos videojuegos, esto es, unas vidas repletas de constantes y repetitivos comienzos, en las cuales la derrota es permanente, pero realmente no mueres. A cada paso es posible reiniciarse. Viven esas personas la vida real como un personaje de videojuego: en primera persona, sin propósitos o perspectivas colectivas; siempre con una misión asignada sin saber por quién; con una moral prescindible y unas características que no les pertenecen y siempre con la posibilidad de recomenzar un propósito tan atrapante como irrelevante. Nada es realmente valioso, si tienen problemas aquí, pues se reinician allí, y ahí van, viviendo la vida real como si alguien –que no alcanzan a entrever– la hubiera diseñado y la vivieran como una vida con mil muertes posibles, pero sin morir y, sobre todo, sin vivir. Es también la época de los libros de autoayuda, aquellos que nos orientan hacia el constante –y siempre posible– recomenzar de nuestras vidas y que, unidos al lenguaje de los computadores, nos alientan a ello con el conocido "resetéate" e inicias de cero. Dejemos atrás estos reinicios programados y mencionemos algunos menos predecibles.

En Hannah Arendt algunos de aquellos otros nuevos comienzos tienen que ver con el nacimiento que inaugura el actuar. La acción en Arendt es la invitación a recomenzar. Sin el aliciente de que el conteo de algún nuevo periodo reinicia al dejar "atrás" enclaustrados en un compartimiento cerrado nuestros dolores y fracasos, cómo podríamos continuar viviendo. En nuestra cultura, los reinicios parecieran estar vinculados a nuevas oportunidades. Una continuidad indiscernible sin reinicios que parecieran partir de cero probablemente nos mostraría la espeluznante realidad que logra entreverse en la idea central que guarda el *dasein* de Heidegger, el ser para la muerte. Quizá compartimentamos el tiempo para no morir, para que nuestro reloj biológico no se detenga pronto. Una relectura del problema contenido en la famosa carrera entre Aquiles y la tortuga propuesta por Zenón de Elea quizá sea esta: que la fragmentación infinita del espacio tiempo que recorren cada uno de ellos sea la metáfora de la infinitud añorada por los seres humanos. Una compartimentación innumerable que nos garantice cavidades temporales tan infinitas como eternas. La tortuga y Aquiles no corren para derrotarse recíprocamente, sino para derrotar el tiempo por la vía de expandir el espacio. Los espacios cada vez más minúsculos agregan tiempo a nuestras vidas. La compartimentación espacial hace perder al tiempo su continuidad y, al fragmentarlo, lo encapsula y nos crea la ilusión de atraparlo. Un uso perverso de esta relación espaciotemporal quizá sea la arquitectura del panoptismo, particularmente la que expone Michel Foucault (1998): un tiempo dilatado e ininterrumpido de vigilancia cuya mirada escudriñadora se cierne sobre microespacios que igual pueden ser una celda de una cárcel, un aula universitaria, la habitación de un hospital o las cuadrículas de un computador que alojan la imagen del observado. Cada persona controlada en su habitáculo vive su propio tiempo sometida al tiempo coordinador de quien regenta cada panóptico.

Ese tal tiempo no existe hasta que lo construimos en la larga duración con nuestras herramientas culturales. A veces intentamos escapar de esas convenciones o jugamos con ellas: seguramente muchos habremos leído publicaciones en ciencias sociales que afirman que el siglo XX empezó tarde y que concluyó muy temprano. En las artes es bastante común intentar corroer tales estipulaciones, que fijan el decurso del acontecer: desde Picasso, que en *Retrato de Dora Maar* representa dos caras en tiempos diferentes, pero al mismo tiempo; pasando por *Pueblo blanco*, la canción de Serrat, en la cual un "muerto" nos recomienda marcharnos de su pueblo; y hasta *El año pasado en Marienbad*, la película de Alain Resnais, en la cual el tiempo y el espacio se descomponen y se reintegran en infinitas posibilidades. Particularmente hermoso es el poema "Del pasado efímero" de Antonio Machado, en este verso: "Este hombre no es de ayer ni es de mañana, / sino de nunca; de la cepa hispana / no es el fruto maduro ni podrido, / es una fruta vana / de aquella España que pasó y no ha sido, / esa que hoy tiene la cabeza cana". El arte está para fugarse, no suele ocurrir lo mismo con la realidad, de ahí que Norbert Elias subraye que el tiempo nos coacciona.

Parte de esa construcción cultural son nuestros desarrollos científicos, tecnológicos, las convenciones e imposiciones que las recogen. Estas construcciones culturales están asociadas a la estructura misma de las sociedades, a sus sistemas de creencias, a sus cosmogonías, a las maneras como ven y se enfrentan al mundo, al respectivo orden que las compone y al orden jurídico que las regula o pretende regularlas. Como se sabe, el estudio del tiempo es desarrollado desde disciplinas muy distintas entre sí (la filosofía, la sociología, la física, la matemática, la historia, la geografía, la economía, la ciencia política); el asunto del desarrollo tecnológico y científico vinculado a él, así como la formulación de convenciones e imposiciones juridificadas o no, se encuentra diseminado. No obstante, considero que Attali (2016), Lippincott (2000), Elias (1987) y Capella (1997) recogen buena parte de lo que aquí de manera muy sucinta y bajo mi estricta responsabilidad interpretativa uso. ¿Qué es lo que se puede extraer de los estudios de estos célebres trabajos? Que las sociedades occidentales han construido el entendimiento del tiempo dominante en el orden mundial. Adicionalmente, puede inferirse que el orden jurídico guarda una relación de proximidad con el tiempo. Los rasgos que aquí encuentro como más descollantes de ese entendimiento son los siguientes:

Diferentes culturas y sociedades transitaron en procesos de larga duración de tener como dominante una comprensión del tiempo centrada en las explicaciones mágicas, religiosas y de corte natural basadas en los fenómenos cotidianos de la vida y la muerte (ciclos de vida de plantas y animales, incluido el hombre) y los ciclos terrestres y astronómicos (el sol, la luna, las estrellas, las estaciones climáticas) a unas explicaciones del tiempo laicas y racionales, basadas en la naturaleza como un sistema regido por el principio mecánico de causa-efecto y la predictibilidad. Actualmente, la teoría de la relatividad y la teoría cuántica están aún por articularse en la elusiva "teoría del todo", pero sugieren por lo pronto que el universo desde lo micro hasta lo macro es al tiempo relativo y considerablemente impredecible y, no obstante, altamente uniforme. En lugar de Dios o los dioses como principio y final del tiempo, aparecen hipótesis científicas por verificar como la teoría del *big bang*, la de los multiversos, los propios agujeros negros que explicarían su origen, pero también, la idea de que somos un holograma o, incluso, la que aventura la hipótesis de que el universo es un cerebro. En la actualidad, además, se tiene como dominante la explicación científica según la cual existe un tejido llamado espacio-tiempo que da lugar a la existencia de tiempos relativos individuales de acuerdo con la posición y la velocidad de cada espectador y su reloj individual en el universo todo. Así las cosas, en rigor científico el tiempo no es el mismo para nadie.

Con el transcurso de los siglos esas culturas modificaron sus ancestrales perspectivas cíclicas sobre el tiempo para asumir formas lineales de entenderlo y vivirlo. Como es sabido, las perspectivas cíclicas acerca del tiempo suelen estar vinculadas a la percepción cíclica del mundo natural: el movimiento elíptico de los astros, los procesos de vida y muerte, las estaciones y la aparente repetición de fenómenos cotidianos que permiten una comprensión del mundo basada en la circularidad temporal de los sucesos, sin un inicio único ni un final absoluto. En algunas culturas esta circularidad temporal está asociada al propio espíritu humano que puede pasar por diversos ciclos de transformación –la reencarnación es común– hasta renacer. Con todo, ahí estaba ya la advertencia de Heráclito acerca de que nadie se baña dos veces en el mismo río; y el giro propuesto por Borges: el tiempo es un río que me arrebata, pero yo soy el río.

Por su parte, la concepción lineal del tiempo –más allá de algunos brotes tempranos– pareciera emerger con las religiones monoteístas más extendidas (judaísmo, islamismo y cristianismo) y su relato, que incorpora tres ideas centrales: un episodio creador de un comienzo, un final a menudo apocalíptico y, en el medio, un tiempo sucesivo y sin retorno. Esta concepción lineal del acontecer se extiende por el mundo y con ella aparece la famosa *flecha del tiempo* que va del pasado al futuro, con un paso tan fugaz como desconcertante por el presente. En las religiones menos materialistas, el tiempo se encuentra relacionado con la precariedad terrenal del mundo y ambos son tenidos como transitorios y desvalorados frente a la vida eterna. El tiempo material es solo un lapso para construir la vida eterna o conseguir un eterno castigo. Con la aparición de la modernidad occidental el tiempo lineal queda vinculado a la noción de progreso, como una suerte de acumulación intelectual y material de logros tales como la construcción de la subjetividad individual, la riqueza, el conocimiento científico, el desarrollo, un relato histórico fiable acerca del pasado, el presente y el futuro. También queda vinculado a la muerte, como bien lo señala Plessner: "Cuanto más profundamente se arraiga esta conciencia temporal en una comunidad viviente, tanto más marcará la individualización de sus miembros y hará sentir la muerte como una amenaza" (1970, 60).

Esta concepción lineal y progresiva de la historia es puesta en duda por diversos pensadores. Walter Benjamin, en su ensayo *Tesis sobre la filosofía de la historia* (1942/1973), se refiere al "ángel de la historia" para crear una alegoría apoyada en el *Angelus novus* del dibujo de Paul Klee, con lo cual nos advierte que la historia es un acumulado de horrores que inexorablemente nos precipitan hacia un futuro apocalíptico, asegurado por un presente, el presente de Benjamin, marcado por el fascismo y las angustias del periodo de entreguerras.

El proceso de surgimiento de los Estados europeos transita de la dispersión medieval a la concentración moderna: del poder político, de la economía, de los impuestos, de la violencia, del derecho y del tiempo. Esta unificación luego se proyectó al orden internacional, especialmente con la creación de la ONU y otros organismos internacionales. La Europa antigua y medieval conoce una experiencia dispersa del tiempo según las distintas culturas que habitan su geografía; para llegar hacia los siglos XIX y XX a conocer un único tiempo impuesto inicialmente por cada ciudad, luego por cada Estado y actualmente por el orden internacional. Este proceso no solo se dio en Europa, sino que en general todas las culturas, las sociedades y los Estados del mundo hoy viven bajo el mismo tiempo, un único tiempo para todos, con ciertas excepciones que luego mencionaré.

Los procesos anteriores, inicialmente en Europa y luego también a nivel casi mundial, estuvieron acompañados del surgimiento y la consolidación de las economías liberales capitalistas. El desarrollo de este modelo económico dio lugar a la mercantilización de casi todos los aspectos de la vida: cada cosa de las vidas de las personas tiende a ser valorada desde la utilidad, sus posibilidades de intercambio y consumo, y adquieren un precio. El tiempo no escapa a ello: pasa a ser un recurso en el marco de la producción industrial. De esta manera la vieja frase "el tiempo es oro" ya no significa que el tiempo sea valioso, sino que el tiempo genera riqueza y es en sí mismo un bien y un producto. En adelante, vía derecho laboral, civil, comercial y administrativo, el orden jurídico legalizará la compra del tiempo.

El humanismo individualizante como expresión de la modernidad unido al orden económico del consumo trajo consigo que el tiempo pasara de ser un tiempo global a un tiempo fracturado en el ámbito de cada persona. Esto lo percibieron muy bien los historiadores del tiempo: la localización espacial de los relojes y el sentido con el cual eran producidos para medir el tiempo. En un principio, los diferentes modelos de relojes fueron localizados en las atalayas de las iglesias, los edificios públicos y los muelles; para luego pasar a regir las vidas de las fábricas y las estaciones del metro; más adelante, fueron posicionados en los hogares y, finalmente, en las pulseras de las personas, en sus coches, en todos los electrodomésticos, en los celulares y hoy son integrados en estructuras orgánicas personales. Más allá del reloj como instrumento de medición del tiempo, lo más importante es que el tiempo pasa a hacer parte nuestra como individuos. El tiempo público y social se individualiza.

Estrechamente vinculado con todos estos cambios parece cierto que los desarrollos científicos y tecnológicos produjeron avances acerca de cómo entender el tiempo y cómo medirlo: la llamada cronoindustria que ha diseñado los tipos más diversos de relojes es la clave de todo ello. Desde los modelos más antiguos como la clepsidra, el reloj de arena, el reloj de pulsera, el reloj del celular hasta el reloj atómico, la industria del diseño y la fabricación de relojes contribuye a ordenar las sociedades alrededor del tiempo.

Attali aclara con toda razón que las diferentes maneras de concebir y medir el tiempo, también las formas de utilizarlo, no se sustituyen unas a otras de tal modo que las nuevas formas del tiempo excluyan a las anteriores y tomen plenamente su lugar relegándolas al olvido. Por el contrario, las nuevas maneras de concebir y medir el tiempo se sobreponen con las anteriores sin desplazarlas totalmente. La superposición de tiempos es el resultado histórico visible: tiempo de los dioses, tiempo de las máquinas, tiempo del cuarzo, tiempo del átomo de cesio y, hoy, átomo de estroncio. Cada uno impuso su propia manera de entender y medir el tiempo y contribuyó a formas muy concretas de organizar las sociedades correlativas. Pareciera que el orden jurídico también recoge estos cambios y coexistencias: simultáneamente, puede encomendar la constitución a la eternidad del tiempo de Dios, puede validar la hora pública con las campanadas de la iglesia localizada en la plaza de nuestros pueblos, puede aceptar como decretada la hora fijada por el reloj de baterías de carbón de la alcaldía o el juzgado, puede tener como oficial la hora dictada en toda clase de competencias deportivas por el reloj de cuarzo instalado en la pulsera de un árbitro, o bien, puede tener como hora estatal y hora internacional la que imponen los recientes relojes atómicos.

Además, en las últimas décadas la ciencia y la tecnología han dado lugar a lo que podríamos denominar la duplicación de tiempos: se trata aquí particularmente de experiencias virtuales que tienen lugar en el metaverso, en las cuales es cada vez más posible vivir, de manera autónoma y simultánea, vidas paralelas diferentes a la vida material. Se trata de dos o más tiempos con los cuales contamos bajo la estructura de un avatar.

Pues bien, nuestras convenciones e imposiciones –muchas de ellas de carácter jurídico– recogen este acumulado histórico y expresan la materialidad de esas diferentes formas de tiempo que se han concebido históricamente asociadas a una determinada tecnología, ya sea que se trate del reloj o del calendario. Es verdad, como dice Norbert Elias, que el tiempo nos coacciona, y es en parte porque aquellas dimensiones son también jurídicas. Aquí tenemos algunos ejemplos mencionados en diversos registros:

Antes de entrar en vigor el calendario juliano los romanos antiguos medían el transcurrir del tiempo a través de diversos sistemas, ya fuera tomando en cuenta la fecha de inicio de la fundación de Roma, el llamado "sistema consular", o recurriendo a las "eras", esto es, la Era de Diocleciano, la Era Cesárea de Antioquía o la Era Hispánica. Para esta época, se podía constatar la existencia de una dispersión de calendarios lunares con meses y días que no coincidían entre sí. Por tanto, no existían fechas comunes ni los calendarios eran estables, sino que dependían de ciertos intereses políticos y de determinados aspectos naturales. Este tiempo disperso no representaba mayores dificultades pues el tiempo no era pensado como un asunto unificado ni en el campo político, ni en el científico, ni en el económico, ni en el social. La coordinación social correspondiente no se encontraba sometida a un tiempo unitario.

No obstante, esta dispersión representó un problema para el emperador Julio César, quien convocó a algunos expertos para estudiar el tema, los cuales propusieron crear el primer calendario solar (es decir, basado en los días y no en las noches, esto es, en las fases de la luna). Se creó entonces el calendario juliano entre lo que hoy conocemos como el año 44 y el año 46 antes de Cristo, luego de que el propio emperador declarara el hoy llamado año 46 como "el año de la gran confusión" al dilatarlo hasta los 445 días, un año muy extenso con el cual buscaba resolver algunos problemas de cálculos de días y meses históricamente acumulados. El emperador ordenó que en adelante el año sería de 365,25 días y añadió un año bisiesto cada cuatro años; hubo otros ajustes en meses y días que no es del caso detallar. De acuerdo con los historiadores, el tiempo siguió siendo un asunto de emperadores, pues iniciar con el primero de enero en lugar del primero de marzo –una fecha religiosa– y numerar los días también es una imposición de César y Carlomagno. Posteriormente, en el año 321, el emperador Constantino I el Grande implantó la semana de siete días, al parecer, tomada del calendario lunar de los mesopotámicos.

Más tarde, en el año 325, se convocó el primer concilio ecuménico, denominado el Primer Concilio de Nicea, citado bajo el imperio de Constantino I, para acordar e imponer, entre otras cosas, el calendario religioso a partir de la Pascua. En el calendario eclesiástico la Pascua es la fecha más importante y se la impone mediante decreto en una epístola a la Iglesia de Alejandría. Con la Pascua como fecha fija el resto de las celebraciones religiosas adquirieron un referente claro y, en general, los días fueron determinados con los nombres de personajes o episodios religiosos. El tiempo ecuménico se hizo religioso.

Para el año 1582, el calendario religioso, muy dominante, adoptado en el Primer Concilio de Nicea, ya presentaba unos desajustes acumulados por el simple paso del tiempo, como consecuencia de algunos malos cálculos en su diseño de origen. De nuevo la importante fecha de Pascua no encajaba con las expectativas litúrgicas. Así las cosas, y después de varios estudios, el papa Gregorio VIII expidió la bula *Inter Gravissimas*, mediante la cual impuso el nuevo calendario con la idea de poner en práctica algunos de los acuerdos del Concilio de Trento. Una vez adoptado por la Iglesia, en adelante todos los países europeos fueron ajustando paulatinamente sus calendarios, desapareciendo días, y recortando meses, mediante diversas normas jurídicas. Este calendario es el que en general rige hoy en Occidente.

Otros dos episodios interesantes para ilustrar estas imposiciones jurídicas de los tiempos se presentaron en la Francia revolucionaria y en la imperial de Napoleón, con algunos pocos años de diferencia. El primero de ellos se dio con los revolucionarios franceses, quienes consideraron que el tiempo también era un asunto político y debía ser modificado como consecuencia de la revolución en desarrollo. Luego de derrocar a la monarquía y a la iglesia, los revolucionarios debatieron largamente, basados en el criterio de algunos matemáticos, la eliminación de los calendarios monárquicos y religiosos mencionados atrás, pues a su entender la revolución debía dar lugar a su propio tiempo. Así las cosas, la Convención Nacional Francesa, bajo control jacobino, mediante decreto del 5 de octubre de 1793 adoptó el calendario republicano francés, cuyo inicio era retroactivo para el 22 de septiembre de 1792. El conteo del tiempo sería muy diferente, pues se adoptaba para ello el sistema decimal: días de diez horas, con cien minutos por cada hora y cien segundos por minuto. El calendario revolucionario rompía con el influjo histórico de papas y emperadores en la determinación del tiempo. En adelante, el tiempo francés se llamaría "tiempo de la libertad" y se contaría a partir de 1789 el año 1 de la revolución y así sucesivamente. El nuevo calendario unificaba el tiempo de Francia y también los de sus colonias africanas y de ultramar.

El segundo episodio que suelen considerar los historiadores se dio con Napoleón Bonaparte. Poco después de instaurar su imperio, y como parte del proyecto de unificación forzada, que incluyó la expedición de seis códigos jurídico y la borradura del republicanismo revolucionario, Napoleón abolió el calendario revolucionario el 1 de enero de 1806 y ordenó retornar al calendario gregoriano, lo cual le permitió una coordinación con el resto de los calendarios europeos y le ayudó a mejorar sus relaciones con la Iglesia católica. Sin embargo, la distancia entre derecho y realidad no desaparece porque la conjure un emperador, y Attali nos advierte que:

> A principios del siglo, ese no es más que un deseo teórico e ideológico, inaccesible en la práctica. Si Napoleón impone en Francia como hora oficial única en todo el territorio la hora del ejército, que es la hora de París, esa ley, por carecerse de medios rápidos de transmisión, no llega a aplicarse; cada ciudad, cada poblado, continúa viviendo a la hora del reloj de su atalaya, convertida en alcaldía, que se regula por el Sol o, cuando es posible, según el tiempo promedio (2016, 202).

Para el siglo XIX la ciencia se abrió camino como poder definitorio de los tiempos por encima incluso de los poderes políticos. Más allá de estos registros históricos relativamente lejanos, el desarrollo científico ha contribuido a impulsar cambios en el orden de las sociedades que han dado lugar a consensos e imposiciones que, en el nivel global y con las correspondientes incorporaciones jurídicas, definen hoy nuestras vidas.

El tiempo lineal y no cíclico de Occidente trajo consigo el desafío de construir una sucesión temporal no recurrente, una sucesión que, además, sirviera para fechar y cronometrar la larga duración. Adicional a ello, hay que recordar que con el desarrollo tecnológico del siglo XIX el mundo se hizo más pequeño a razón del transporte marítimo y ferroviario, así como también como consecuencia de la electricidad y ciertos medios de comunicación. Un mundo menguante en su extensión y cada vez más controlado por Occidente dio lugar a la búsqueda de una hora universal unificada. La historia de este proceso que llega hasta el día de hoy está llena de detalles, pero en líneas generales el relato es más o menos este:

Durante todo el siglo XIX, si bien los calendarios estaban considerablemente unificados en Europa, no ocurría lo mismo con la hora que marcaban los relojes: cada Estado y cada ciudad establecía independientemente sus propias horas, lo cual no representó una dificultad importante hasta que la velocidad de los viajes y las telecomunicaciones exigió una coordinación horaria. Los registros históricos muestran que resultaba imposible llevar a cabo los intensos intercambios de un mundo más veloz si las personas tenían diferencias horarias de minutos u horas entre ciudades.

Al parecer, Sandford Fleming, un ingeniero canadiense, luego de perder un tren como consecuencia de los desajustes horarios, concibió la idea de crear un horario universal coordinado, para lo cual propuso dividir el globo terráqueo en veinticuatro husos horarios estandarizados, cada uno de una hora y equivalente a quince grados para configurar la esfera de trescientos sesenta grados, tomando como referente un meridiano fijo. Según Fleming, el tiempo universal era naturalmente único en todo el universo y, por ello, lo más adecuado era fijar una única hora mundial, de tal suerte que se acabara con la dispersión e incongruencia de las mediciones del tiempo. Después de varios años de discusiones, en 1884 se aceptó esta propuesta como oficial y se definió el meridiano de Greenwich como el meridiano cero. Esta adopción permitió conocer de manera unificada cuándo inicia una fecha y cuándo termina, lo cual dio lugar a que exista en adelante una hora universal. Las zonas horarias mundiales permitieron que cada Estado o ciudad de manera independiente aceptara ese horario universal dentro del cual geográficamente quedaba emplazado o agregara o restara una hora según sus preferencias de hora local. Ya se contaba con un tiempo convencional único, propio de una sociedad industrial. "Hago un llamamiento a todos los amantes de la hora exacta", declarará Edgar Allan Poe, citado por Étienne Klein (2005, 21).

Esta sinfonía global del tiempo no resolvía el problema de la ahora muy verificable descoordinación de relojes localizados en diferentes lugares del globo. Para finales del siglo XIX no era posible responder a la pregunta ¿qué hora es exactamente en un lugar determinado? El asunto es que los diferentes desarrollos tecnológicos y científicos evidenciaron que los distintos observatorios tenían desacuerdos de algunos segundos para definir la hora exacta en cualquier lugar del orbe. La solución fue lograda a principios del siglo XX al crear en París la Oficina Internacional de la Hora, la cual registraba el dato exacto obtenido a partir de siete péndolas que daban la hora cada una autónomamente y luego se promediaban sus resultados y esta oficina fijaba la hora exacta, en adelante la hora oficial mundial. Ya la convención le abría camino a la juridicidad.

La coordinación mundial de la hora cada vez requirió de más exactitud y los registros de los historiadores del tiempo hoy nos permiten constatar una evolución creciente que resolvía con cada vez mayor precisión aquel problema: se transitó de la definición solar de la hora, a la definición de mecanismos de relojería; luego, se recurrió a los relojes de cuarzo hasta que se precisó al máximo con los relojes atómicos. De acuerdo con Attali,

> en octubre de 1972, la siguiente conferencia rindió esta definición del tiempo universal obligatorio para fechar los acontecimientos científicos: el tiempo atómico internacional es la coordenada de señalización temporal establecida por la Oficina Internacional de la Hora sobre la base de las indicaciones de relojes atómicos que funcionan en diversos establecimientos conforme a la definición del segundo, unidad de tiempo del sistema internacional de unidades (2016, 258).

Con posterioridad a ello, se llega a precisar el tiempo de una manera tan minúscula que solo la validez científica es apreciable, pues la verificación de la experiencia directa a escala humana es casi irrelevante. El tiempo ya no se mide en segundos sino en sus fragmentaciones más infinitas: decisegundo, centisegundo, milisegundo, microsegundo, nanosegundo, picosegundo, femtosegundo, attosegundo, zeptosegundo, yoctosegundo, rontosegundo y quectosegundo. ¿Acaso tanta precisión logra derrotar la naturaleza elusiva del tiempo? Henri Poincaré lo dudaba hace poco más de un siglo. En su reflexión acerca de la medida del tiempo, decía: "En efecto, aún los mejores relojes deben ser corregidos de cuando en cuando" (1964, 61).

Ahora bien, pero ¿y qué es un segundo? Pues su definición tuvo dos momentos: hasta el año 1967 fue fijado a partir de un criterio astronómico, y equivalía a algo así como 1/86.400 de la duración que tuvo el día solar medio entre los años 1750 y 1890. Pero la rotación de la tierra es algo muy irregular si se trata de establecer el tiempo con alta precisión. Así que en 1967 el Sistema Internacional de Unidades abandonó el método astronómico y lo sustituyó por la precisión de la física. De tal manera se recurrió a los relojes atómicos, particularmente al de cesio, para concluir que "el segundo es la duración de 9.192.631.770 períodos de la radiación correspondiente a la transición entre los dos niveles hiperfinos del estado fundamental no perturbado del átomo de 133Cs" (Oficina Internacional de Pesos y Medidas, 2019, 17).

Este tiempo atómico internacional es fijado oficialmente a través de un mecanismo de votación de la hora por numerosos relojes atómicos dispersos en el mundo y cuyo resultado es promediado por la Oficina Internacional de la Hora de París. Como ya se dejó claro, hoy han sido creados relojes atómicos de estroncio, más precisos aún. No debe perderse de vista que, todavía hoy, la fijación del tiempo sigue siendo un asunto convencional, puesto en manos de científicos, y también impuesto, para lo cual se usa el derecho o el *soft law* mercantil.

Para 1960 se crea el Sistema Internacional de Unidades a través de la undécima Conferencia General de Pesas y Medidas, una de cuyas unidades es el segundo que, curiosamente, es la base de las demás unidades. A partir de esa medida oficial y científica del segundo se fija también el minuto, la hora y demás.

Además de la hora universal, existen otras medidas del tiempo que son importantes, como ocurre con el tiempo satelital, conocido como sistema de posicionamiento global, medido igualmente por relojes atómicos pero dependiente de cada uno de los Estados que lo toman como referente: Galileo, el sistema europeo; Glonass, el ruso; BeiDou, el chino. Con ellos se establecen los tiempos oficiales en cada uno de sus países. El sistema de posicionamiento global debe tomar en cuenta para su funcionamiento preciso la teoría de la relatividad de Einstein, según la cual el espacio-tiempo como un mismo tejido cambia levemente de acuerdo con la gravedad, lo cual significa que, por ejemplo, el tiempo no es el mismo para dos personas, si una se encuentra en la superficie terrestre y la otra se encuentra alejada de ella, diga usted, en un avión o una nave espacial. Si el sistema de posicionamiento global no calcula esta diferencia, el posicionamiento será inexacto y habrá desplazamientos de metros con respecto a la posición exacta en la tierra.

Termino este aparte señalando que los científicos ahora están tratando de acordar la hora exacta coordinada mundialmente para establecer qué hora es por fuera de la tierra, esto es, qué hora es en la luna, en marte, en un asteroide. Ello es de importancia si se piensa que las misiones espaciales suelen ser desarrolladas en coordinación internacional, razón por la cual, la hora establecida a partir del globo terráqueo es irrelevante y las diferentes horas científicas de cada país no siempre se encuentran coordinadas. Desde luego que esta fijación no es solo un asunto científico, sino también político y jurídico: ya los historiadores de las culturas antiguas habían notado que la actividad humana de temporizar es también una manera de controlar la realidad que, al final, puede ser una manera de apropiarse de las cosas. Fijar el tiempo en un espacio geográfico puede conducir a dominarlo.

Estas tendencias a la unificación de tiempos más o menos globales se sobreponen y coexisten con toda clase de calendarios y tiempos desperdigados derivados de prácticas políticas, sociales, económicas y culturales. Cada Estado, cada nación, cada sub-Estado, cada cultura, cada religión, cada familia, cada individuo y más celebran o conmemoran toda clase de acontecimientos en fechas más o menos precisas. Más allá de los tiempos universales, el inicio del conteo del tiempo es desigual y varía de religión a religión: el calendario cristiano, el calendario musulmán, el calendario judío, los calendarios de las diversas culturas indígenas, tienen fechas o acontecimientos muy diferentes que marcan el inicio dispar de un conteo asincrónico del tiempo. Estos tiempos no han desaparecido, sino que han sido dominados por los tiempos de los Estados nación, los tiempos del mercado y los tiempos científicos, en general, todos estos coordinados. Esta unificación entre convencional e impuesta no se llevó a cabo sin resistencias tempranas. La más sonada de ellas quizá sea el intento por estallar con dinamita las instalaciones del meridiano de Greenwich, llevado a cabo en 1894 por Martial Bourdin, un anarquista. Atacar el meridiano de Greenwich era atacar el símbolo del nuevo concierto mundial alrededor del tiempo.

Por esta época nuestras vidas cotidianas experimentan la sobreposición de todos esos calendarios y tiempos sin apenas percatarnos de ello: vivimos al mismo tiempo en la edad de Cristo, bajo la hora universal, al día con la exactitud de los relojes atómicos, más o menos orientados por los relojes de nuestros celulares, nuestros relojes de mano o los del carro y, cómo no, nuestros relojes biológicos. Pero hay más, mucho más: tenemos nuestros horarios de verano e invierno; adelantos y atrasos de horas, según intereses energéticos o políticos; toda clase de "días mundiales o nacionales o regionales de..." (de ciertos santos, de ciertas luchas políticas, etc.); infinidad de efemérides, conmemoraciones y jubileos; tiempos de jornadas laborales y ahora sus reducciones; acumulaciones de días festivos impulsadas por razones turísticas; en ciertas culturas hay fijadas horas de visitas, en fin. Y claro, también los vaivenes políticos dan lugar a modificar las convenciones temporales: Francisco Franco adaptó la hora de España a la de la Alemania de Hitler y no a la del correspondiente huso horario, al parecer, con el objetivo de coordinar ambos gobiernos. La fijación del tiempo es un asunto convencional con un gran trasfondo político. Definir el tiempo dominante sobre tantos tiempos supone una silenciosa lucha por el tiempo.

Toda esta organización del tiempo no se desarrolla sin contar con el orden jurídico; por el contrario, el derecho la regulariza, la impone, la exige y la sanciona. En los diferentes niveles de producción jurídica el derecho convierte esas convenciones todas en normas jurídicas exigibles: el derecho internacional, el derecho regional, el derecho nacional hacen su parte, y cada uno de estos acuerdos son juridificados en infinidad de normas, esto es, todo tipo de tratados y convenios internacionales, constituciones estatales, leyes, decretos, sentencias, actos administrativos y contratos hacen obligatorio algún calendario, alguna fecha, alguna manera concreta de datar y de cronometrar. Las sociedades contemporáneas se encuentran estructuradas alrededor del tiempo medido por relojes y fijado jurídicamente. La temporización jurídica es una parte esencial de nuestro orden.

Pasamos como humanidad de usar unos cuantos relojes de manera extraordinaria a convivir bajo la cronometrización pululante de nuestras vidas. Vivimos al ritmo sincrónico de miles de millones de relojes. Parece imposible que el tiempo ahora se detenga, menos si le damos sentido con los relojes que buscan indicar su transcurrir. Suspender sus tics tacs es inútil, el tiempo continuará sin ellos. Kristen Lippincott nos advierte: "San Agustín recuerda el grito de Josué: '¡Detente, oh sol!'. en ese momento, el Sol y todas las estrellas se detuvieron, pero el tiempo siguió transcurriendo" (2000, 12).

Si bien todos los Estados cuentan con normas jurídicas más o menos similares y numerosas, me limito a mencionar algunas de ellas para Colombia. El Sistema Internacional de Unidades (en aquel entonces sistema métrico decimal francés) fue adoptado mediante la Ley 33 de 1905, que incluía la definición del segundo válida en ese entonces. Más adelante están el Decreto 1731 de 1967, por el cual se dictan normas sobre pesas y medidas, y el Decreto 3464 de 1980, por el cual se adopta el Sistema Internacional de Unidades, ratificado por la Ley 1480 de 2011, Estatuto del Consumidor. Solo hasta la expedición de la Ley 1512 de 2012 el Congreso de la República aprobó el ingreso de Colombia como miembro pleno a la Convención del Metro. Por último, el Decreto 1074 de 2015, modificado por el Decreto 1595 de 2015, define en el numeral 92 del artículo 2.2.1.7.2.1 el Sistema Internacional de Unidades como el sistema de unidades basado en el sistema internacional de magnitudes con los nombres y símbolos de las unidades, y con una serie de prefijos de sus nombres y símbolos, así como reglas para su uso, adoptado por la Conferencia General de Pesas y Medidas (CGPM).

Toda la normatividad mencionada es clave para articular el tiempo nacional a los estándares científicos, políticos y mercantiles del tiempo internacional. Pero la juridificación del tiempo en Colombia tiene otras expresiones menos científicas y más políticas o comerciales: a través de la llamada "Ley Emiliani", Ley 51 de 1983, propuesta por Raimundo Emiliani, se unificaron los dispersos días de fiesta en los lunes, especialmente por razones del mercado del turismo; también tenemos la famosa adopción de la llamada "hora Gaviria", cuyo nombre se deriva del apellido del presidente de la república César Gaviria, quien decidió "adelantar" los relojes una hora a fin de sortear los problemas energéticos del país en ese entonces. En este caso, como ya había ocurrido con Napoleón Bonaparte, la resistencia de los alcaldes y de la población hicieron casi imposible su aplicación pronta en el territorio nacional.

El registro presentado no deja dudas acerca de que el tiempo es una creación social elevada al nivel de convención juridificada. El derecho ha sido construido como un conjunto inmenso de deberes, derechos y competencias que imponen millones de contenidos sobre el tiempo. El tiempo como convención actual es una convergencia que combina factores científicos, políticos, económicos y jurídicos.

No quiero cerrar este capítulo sin dejar algunas palabras sobre una posible tendencia. Los expertos en el asunto del tiempo han insistido en que los progresos en la cronoindustria han modificado la concepción del tiempo, lo cual ha dado lugar a cambios sociales significativos. Algo tan sólido y fijo como el tiempo, de cara a nuestro imaginario cotidiano, es solo una convención quizá en proceso de desaparecer según se presenten desarrollos científicos que quizá ya están aquí y no sospechamos que vayan a trastocar definitivamente la manera como entendemos el tiempo y nuestro derecho.

Uno de esos desarrollos científicos, más actual e influyente, es la inteligencia artificial. En línea con Harari, si los organismos somos datos, la inteligencia artificial pronto tendrá acceso total para modificarnos. Si la inteligencia artificial hoy tiene acceso y control sobre nuestros relojes biológicos y puede llegar a controlarlos en tanto su composición última son los átomos, lo que *hemos* convenido sobre el tiempo está por cambiar. ¿Puede el orden jurídico ordenar la inteligencia artificial?, ¿tiene algún sentido normar algo como eso?, ¿llegamos al límite del derecho? Probablemente la inteligencia artificial no requiera ni de convenciones ni de normas jurídicas. En tal caso, seremos otros, en un sentido profundo, si llegamos a ser algo parecido a eso que en la muy breve época del humanismo llamamos "humano". Si los seres humanos somos tiempo acumulado, el cambio del tiempo habrá de mudarnos. Y no solo se trata de la inteligencia artificial: la neurocientífica Divya Chander lo deja claro al aceptar que las interfaces entre el cerebro y las máquinas tienden a favorecer los jaqueos cerebrales y, por esta vía, contribuyen a redefinir "lo humano". Lo que se ha denominado la naturaleza humana puede cambiar con estos dispositivos tecnológicos al interactuar con nuestras mentes y con nuestros componentes más básicos. En términos de Foucault, "el hombre es una invención cuya fecha reciente muestra con toda facilidad la arqueología de nuestro pensamiento. Y quizá también su próximo fin" (1978, 375).

Segundo capítulo
Más allá de la vigencia del derecho

El derecho está hecho de tiempo y considero que ello no lo reflejan de manera suficientemente enfática las diferentes teorías que lo estudian. ¿Es pensable una regulación sin tiempo? Pareciera que no, pues si el derecho regula las conductas de los seres humanos y estas se desarrollan en el espacio-tiempo, el tiempo es constitutivo del derecho, pues toda conducta exigida debería contar con un tiempo para ser desarrollada, es decir, un plazo con sus términos. El plazo puede ser más corto (segundos) o más largo (la vida toda). Ello no implica que cada norma jurídica deba incorporar explícitamente un plazo de cumplimiento, aunque debe admitirse que la atemporalidad de muchas de ellas genera indagaciones difíciles. La tendencia del derecho occidental en el último milenio ha sido la de la creciente interacción cerrada entre el derecho y el reloj, entendiendo aquí por "reloj" las muy diversas maneras como la humanidad ha logrado mensurar el tiempo, es decir, la medida más o menos exacta de un intervalo.

En la larga historia de Occidente fueron relevantes los ciclos naturales como los del sol y la luna, la duración de las cosechas, los ciclos de vida y muerte y, en general, los del cuerpo, el ritmo nictémero, las generaciones humanas, los procesos de nacimiento, desarrollo y muerte de animales y plantas; los procesos de corrupción de los cadáveres, las épocas de las plagas; el canto del gallo, la proyección de la propia sombra con respecto a la posición del sol; las velas, las clepsidras, los relojes de sol, los relojes de arena, los noctuarios, los nocturnlabios, las péndolas, las atalayas, los relojes mecánicos, los relojes de torres de iglesia, de estaciones de ferrocarriles, relojes de pared, relojes de casa, relojes de mano, relojes eléctricos, relojes de cuarzo, relojes atómicos. El reloj como instrumento basado en los intervalos y que usamos para cronometrar es parte esencial del desarrollo de Occidente.

El vínculo entre el derecho y el reloj también ha estado determinado por aquellos quienes medían el tiempo. Lo midieron sacerdotes, hechiceros, astrólogos, el hieromnemones, relojeros, astrónomos, burócratas; y también, comunistas, nacionalsocialistas, liberales, dictadores. Esa medición se llevó a cabo en favor de ciertos poderes, personalizados en reyes, príncipes, regidores, bataneros, comerciantes, papas, supervisores, presidentes, empresarios, científicos, etc. Este propósito de medición se encontraba asociado a las maneras como lo concebían las grandes instituciones: el tiempo de los dioses, el tiempo canónico de la iglesia, el tiempo oficial de los Estados, el tiempo equinoccial de Occidente, el tiempo relativo de la física. Y, por supuesto, la medición estaba enmarcada en las diferentes unidades de medición, según las distintas culturas, los distintos sistemas, órdenes o actores dominantes: la eternidad o la perpetuidad, los diferentes ciclos, las generaciones de antepasados, los milenios, los siglos, las décadas, los quinquenios, los años, los semestres, los trimestres, los meses, las quincenas, los días y las noches, las jornadas, las horas, los minutos, los segundos, los milisegundos.

Hoy nos resulta claro que las diferentes expresiones históricas del orden político, económico y social construyeron e hicieron uso de esas maneras de concebir y medir el tiempo. Ahora bien, en el derecho han sido acuñadas otras formas menos evidentes de referirnos a él. Así, por ejemplo, solemos escuchar: la costumbre -o el tiempo- es fuente del derecho; la seguridad jurídica -cierta invariabilidad en el tiempo- es un valor central en el derecho moderno; la regla general es la irretroactividad de las normas jurídicas; el derecho vigente previamente debe ser derecho válido; existen unos derechos adquiridos -fijados en el tiempo- en los que muchos creen firmemente; los estados de excepción son aquellos que instauran tiempos de anormalidad o emergencia; las normas jurídicas pueden ser derogadas o prorrogadas; una ley rara vez es suspendida en sus efectos y un contrato puede ser declarado nulo o tenido por inexistente. Y solemos usar expresiones como "los efectos diferidos del fallo", "el derecho a la memoria y a la no repetición", "el plazo para interponer el recurso venció el día de ayer", "esta ley rige a partir de su promulgación", "el fallo se expide con efectos suspensivos", "esta Constitución deroga la anterior con todas sus reformas", "niégase la admisión de la demanda porque el actor es menor de edad", "lo que ocurre es que este tipo de delitos no prescriben", "es una sucesión de normas en el tiempo", "en efecto, salieron durante dos años, y ella se creyó enamorada, pero ahora piensa que se encontraba sumida en una relación de poder patriarcal".

El tiempo habita y puebla el derecho: plazos, prórrogas, prescripciones, caducidades, extinciones, cargos *pro tempore*, periodos, grupos etarios, tiempos para adquirir un derecho, tiempos para perderlos, certificados de defunción y de supervivencia, tiempo de privación de la libertad, tiempo de libertad condicional, secuencias de requisitos, etapas para el cumplimiento de una obligación, orden de precedencia, hora fijada para conectarse a una reunión, y muchos más. Convendría estudiar cómo se articula este derecho que podríamos llamar de los plazos con aquellas normas jurídicas en cierto sentido atemporales, esto es, aquellas que no cuentan con un plazo explícito asociado a su cumplimiento.

Portamos el tiempo oficial con nosotros en toda clase de documentos institucionales: la cédula de ciudadanía, que define nuestra edad; la licencia de conducción, que nos habilita para conducir a partir de cierta edad y nos lo impide al llegar a otra; el documento que acredita la afiliación a alguna empresa de salud válido a partir de una fecha cierta; la "tarjeta militar", que declara nuestra exención del servicio a partir de cierta edad; la tarjeta de crédito con su fecha de caducidad, y tantos más. Somos clasificados, ordenados y gobernados con base en el tiempo. El poder contemporáneo nos disciplina con el reloj y el calendario. En lugar de devorar a sus hijos, hoy el dios Saturno (la imagen del cuadro de Goya viene a la memoria) los cronometra y fecha sus vidas a tal punto que apenas hay tiempo para pensar en morir.

La administración, imposición y difusión social de estas temporizaciones exige –como tantas otras cosas– toda una dispersa burocracia del tiempo, esto es, miles de funcionarios que regularmente los definen, establecen, imponen, calculan, registran y toman decisiones con el reloj a la mano. La administración del tiempo se torna reticular y ello hace difícil que pueda ser enclaustrada en algo así como un ministerio del tiempo. Esta cronoburocracia se articula bien con sociedades disciplinarias en las cuales cada uno de sus miembros lleva su propio tiempo individual y coordinado con el tiempo oficial. Más allá de la burocracia, nosotros mismos, disciplinadamente, nos temporizamos minuto a minuto. El poder más efectivo no se nos impone, nos transforma y nos hace cronófilos.

Lo registrado hasta aquí sugiere que la vigencia como relación paradigmática del derecho con el tiempo es insuficiente para comprender el espesor de la relación entre el derecho y el tiempo, cualquiera que sea la perspectiva teórica acerca del derecho que consideremos: positivista, iusnaturalista o realista (aquí asumo que vigencia y validez coinciden, aunque, de hecho, en ciertos casos pueden no hacerlo). Ya sea la vigencia como la propiedad de una norma jurídica en términos de derecho positivo (una norma jurídica tiene un ámbito temporal de validez, usualmente condicionado por la irretroactividad), como lo propone el positivismo; la vigencia como existencia eterna o, por lo menos de larga duración, de una norma jurídica cuya existencia no depende de un acto de declaración por una autoridad, como lo entiende buena parte del iusnaturalismo; o, finalmente, la vigencia como predicción de un pronunciamiento judicial futuro, legitimado por un sentido psicológico asociado a un determinado orden social, como lo propone el realismo de Alf Ross.

Más allá de los estudios tan valiosos como tradicionales acerca de la vigencia, al considerar el tiempo pueden emerger problemas interesantes de cara al derecho, aunque su estudio no sea habitual en la teoría, la filosofía o la ciencia del derecho. Enuncio algunos de ellos.

El problema de la unidad del tiempo en el derecho

Aunque no suele figurar en ninguna parte como un contenido del derecho positivo ni es frecuente hacer interpretaciones explícitas al respecto, los órdenes jurídicos modernos y contemporáneos se basan en el supuesto de unidad del tiempo jurídico. En efecto, los órdenes jurídicos contemporáneos son un ensamblaje de contenidos y formas cuyo origen es disperso tanto en términos geográficos, como culturales y temporales. Es sabido que nuestro orden jurídico occidental, en términos generales, es una combinación de origen griego, romano, anglosajón, germano, con algunos elementos específicos de cada cultura o culturas nacionales y subnacionales. Pero no solo eso: debemos agregar en muchos Estados actuales la coexistencia con el orden jurídico canónico de la Iglesia católica, el orden jurídico internacional tanto de carácter público como privado, el *soft law*, las normas técnicas (del tipo ISO, por ejemplo), las normas o condicionamientos de las empresas multinacionales. En muchos países, adicionalmente, este abigarrado conjunto normativo se encuentra con los órdenes jurídicos de comunidades tradicionales (indígenas, negras, campesinas) y no tradicionales. El ensamblaje jurídico es relativamente estable, aunque dinámico, y de vez en cuando alguna de sus piezas desaparece. Un caso extremo para pensar esto es el del último superviviente de una cultura indígena tradicional brasilera muerto recientemente: ¿qué concepción del tiempo se perdió con la desaparición de su cultura?

En países como Colombia, debemos agregar también el derecho germinal que respalda el orden de numerosos actores armados. Desde luego que no es un orden jurídico pleno comparable con el del Estado, ello porque el orden estatal ostenta un grado mayor de definición, complejidad y persistencia histórica, a pesar de la precariedad que le es imputable. Con todo, en Colombia los actores armados (subversivos, paramilitares, narcotraficantes, bandas, combos) crean órdenes en los espacios que controlan en la larga duración. Esos actores generan predictibilidad en los comportamientos y a menudo expiden normas "jurídicas" que contribuyen a sostener esos órdenes. Se trata de órdenes que no encajan bien con el orden estatal, pero que conducen o pretenden conducir comportamientos con un éxito importante en sus zonas de control. No es fácil hablar en esos casos de derecho en sentido pleno, pero tampoco se puede afirmar que se trate solo de órdenes respaldadas por amenazas (esto es, una relación cara a cara de mandato jerarquizado y amenazante), pues tales normas jurídicas son expedidas por órganos especializados, cuentan con ciertos procedimientos, han gozado de algo de legitimidad social y suelen ser acatadas por una combinación de miedo y convicción. Algunos grupos subversivos llegaron a expedir "leyes" y algunos grupos paramilitares denominaron algunas de sus normas como "decretos". Podríamos denominarlos órdenes jurídicos germinales o en formación que, desde luego, pueden fracasar. Estos actores armados, sus órdenes y sus normas jurídicas tienen sus tiempos propios: de expectativa de fundar y mantener ese orden en construcción, de extracción de ciertos recursos, de legalización de algunas de sus acciones y bienes, de cálculos respecto de las reacciones de los actores rivales, de las condenas o de las consecuencias mortales. Tiempos de la guerra y, como pudo verse con el Acuerdo de Paz entre el Estado colombiano y las FARC-EP, también de la paz.

Así pues, es razonable suponer que todos estos órdenes -jurídicos- diferenciados tienen representaciones del tiempo propias que no siempre son compatibles entre sí. Esto significa que esas diversas culturas jurídicas concebían el tiempo de maneras distintas, lo valoraban de formas diferentes, lo medían con medios o instrumentos propios, tenían expectativas desiguales y lo regulaban de formas a menudo incompatibles (Lippincott, 2000). Es decir, el tiempo eterno, lineal y apocalíptico de la Iglesia católica no compatibiliza fácilmente con el tiempo cíclico y presente de ciertas culturas indígenas tradicionales latinoamericanas; así mismo, el tiempo de producción fabril de los Estados modernos –con economías capitalistas, comunistas, sociales– apenas encaja con el tiempo de los nuevos reclamos del naturalismo, el ecofeminismo y el animalismo contemporáneos. El tiempo de los dioses, tiempo estático de las culturas griega y romana antigua –emparentado con sus órdenes jurídicos correlativos–, no encaja bien con el tiempo del progreso de los Estados de bienestar. Podríamos entrar en mayores detalles si incorporamos consideraciones derivadas tanto del realismo jurídico como del pluralismo jurídico acerca de los múltiples órdenes ¿jurídicos, acaso? que emergen del propio orden social (el tiempo de la familia es muy diferente del tiempo fabril), que no encajan sin reparos en el orden estatal probablemente por la vivencia que se tiene del tiempo en esos órdenes subestatales o no estatales. La confrontación, a veces irreconciliable, de tiempos suele hacerse evidente en los diálogos de paz entre gobiernos y actores armados, pues los tiempos de los gobiernos (usualmente de cuatro o cinco años) no encajan con los tiempos dilatados de los actores armados, lo cual a menudo permite llevar a cabo ciertas presiones políticas.

El asunto es que casi nadie se pregunta por estas incompatibilidades ensambladas en el principio de unidad jurídica de los Estados. ¿Contiene el derecho actual no solo "influencia" de órdenes jurídicos diferenciados sino formas de tiempo incompatibles?, ¿cuáles son los rastros de tiempo de esas culturas jurídicas que perviven en el derecho actual?, ¿pueden articularse reclamos acerca de su autonomía y reconocimiento?, ¿pueden ensamblarse exitosamente órdenes jurídicos diversos sin considerar sus tiempos incompatibles?

Sabemos que el proceso de construcción de los Estados nación supuso prácticas de sometimiento, exterminio, absorción, desconocimiento o incorporación de grupos humanos política y culturalmente diferenciados. En algunos casos, fragmentos más o menos extensos del derecho de las diferentes culturas fueron integrados por vías diversas y en niveles diferenciados (internacionales, constitucionales, legales, administrativos o judiciales) al derecho del Estado emergente en su proceso de consolidación. Algunos de esos influjos son extensos y constituyen la base de los ordenamientos jurídicos occidentales (el derecho grecorromano, por ejemplo; incluso, hoy el de las empresas multinacionales) y otros son más excepcionales o marginales (las expresiones jurídicas de comunidades étnicas).

Como ya lo dije, los Estados contemporáneos suelen marginar, desestimular o prohibir la simultaneidad de tiempos del derecho plural e imponer el tiempo unificado. Esa exclusión no se produce por desconocer esos tiempos diferentes o alternativos, sino por conocerlos cuidadosamente. Además, se impone dar validez al tiempo científico (husos horarios, hora convencional, meridiano de Greenwich, el segundo como unidad básica del tiempo).

Las culturas para las cuales no resulta importante la exactitud en materia de tiempo tendrán serios problemas de cara a los vencimientos de plazos administrativos y judiciales de la cultura jurídica dominante occidental. La duración de una pena, el vencimiento del plazo para un pago de una deuda, los tiempos de notificación de una decisión o para la interposición de un recurso presentan serias incompatibilidades con el tiempo de comunidades tradicionales culturalmente diferenciadas. Algunas culturas indígenas no entienden que las penas privativas de la libertad deban tener previsto un término improrrogable. Lo propio puede ocurrir con el perdón que tal vez no dependa de un término previsto, sino quizá de ciertas actitudes de las autoridades y del sancionado. Esto no se articula bien con los principios y las reglas jurídicas de Occidente. El tema de los tiempos es más profundo: los tiempos de planeación racional occidental pueden resultar incompatibles con los referentes de otras culturas basados en cosmogonías derivadas de una interpretación mágica y animista del mundo.

La perspectiva unitaria del tiempo y su imposición jurídica como un deber y el correlativo rechazo de otras perspectivas dominan nuestro imaginario del orden jurídico. La asunción y el análisis de la vigencia en clave de actualidad jurídica, a pesar del surgimiento multicultural dispar de los distintos tiempos jurídicos, supone la legitimidad del orden temporal dominante y la correspondiente exclusión de los órdenes temporales alternativos. En este sentido, la vigencia tal como la entendemos y la solemos practicar e imponer es el sentido compartido acerca de un orden del tiempo que merece ser criticado. Para vivir bajo el orden de la cultura dominante debemos vivir en su tiempo y no en el de las perspectivas alternativas y en conflicto, y ello quizá sea imprescindible para combatirlo, condicionarlo o negociarlo.

Las sociedades liberales con economías mercantiles, especialmente de perfil neoliberal, tienden a construir órdenes jurídicos con mayor fragmentación de esos lapsos jurídicos mencionados atrás, en tanto que en las sociedades tradicionales estos lapsos en número son escasos y su extensión suele ser amplia. En las sociedades liberales mercantiles el contenido jurídico acerca del tiempo tiende a ser fragmentado hasta el infinito; en sociedades tradicionales no es común que haya una fragmentación del tiempo tan angustiosa. El tiempo acelerado capitalista es diferente al tiempo de parsimonia de las sociedades tradicionales. No es extraño que, bajo ciertas circunstancias, el arrendamiento de un local comercial se pacte por días o por horas, en tanto que el arrendamiento de un lote de tierra para sembrar artesanalmente suele hacerse por años. Las sociedades individualistas de intercambios intensos con transacciones y derechos más volátiles no compaginan bien con las sociedades tradicionales con tiempos más estables. El orden jurídico expresa, también, este ensamblaje difícil que puede ser leído en clave de choque del modelo neoliberal con contextos tradicionales. Ahora bien, este, desde luego, no es un rasgo exclusivamente capitalista: los órdenes comunistas también tienden a la fragmentación angustiosa de los tiempos, del partido, de las comunas, de los comités, de las comisiones, de las subcomisiones y de todos sus miembros, incluyendo, claro, a los obreros y campesinos.

Esta unidad configurada por tiempos diversos ensamblados debería constituir un problema para la teoría del derecho. ¿Cómo debe ser pensado, interpretado y operado un orden jurídico configurado por órdenes diversos ensamblados a partir de ideas de tiempo distintas?, ¿deberíamos limitarnos a agenciar solo el tiempo unitario impuesto?

Sobre el origen del tiempo en el derecho

Es un hecho que los órdenes jurídicos contemporáneos son el resultado de procesos históricos diversos y complejos que han dado lugar a las formas y los contenidos actuales. Las distintas escuelas y autores que buscan explicar el fenómeno jurídico no se ponen de acuerdo acerca de si el derecho es un hecho o no lo es. Aquí planteo unas reflexiones diferentes sobre este punto. Si bien el tiempo es un fenómeno del mundo de los hechos, a mi parecer también tiene una dimensión jurídica, no porque el tiempo material sea regulable por el derecho -es una interacción imposible entre el ser y el deber ser, esto significa que lo son los comportamientos humanos respecto del tiempo–, sino porque más allá de la vigencia como forma de regulación del derecho respecto del tiempo, el derecho tiene su propio tiempo, en un sentido diferente.

¿Cómo podemos pensar el tiempo del derecho al tomar en cuenta la expedición de una -verdaderamente– nueva constitución? Una pista para abordar esta cuestión procede de las numerosas experiencias de nuevos gobiernos que empezaron a contar a partir de su llegada al poder un nuevo año o ciclo. Algunos emperadores chinos empezaron a contar el tiempo a partir de la instauración de su nuevo gobierno; algunos reyes hicieron lo mismo, si bien tomaron en cuenta el derecho sucesorio; también fue común en unas dictaduras el conteo de nuevos años; incluso, la república francesa posrevolución empezó un nuevo conteo de años: el año I después de la revolución o la república, que no pasó del año VIII por la irrupción de Napoleón Bonaparte.

Me gustaría quizá proponer que en términos jurídicos existe un tiempo 0 en el instante inmediatamente previo al acto de entrada en vigor de una nueva constitución, el cual se transforma en un tiempo jurídico nuevo, posiblemente un tiempo 1 de un nuevo orden constitucional, que se extenderá en un flujo de tiempos sucesivos de manera usualmente infinita, esto es, perpetua. ¿Es la constitución algo así como el *big bang* que permite comprender el origen del tiempo en el derecho?, ¿lo es la norma fundamental kelseniana o la de reconocimiento de Hart? Ese *big bang* jurídico en el caso del surgimiento de las monarquías y los imperios implicó una superposición a los tiempos previos dispersos, como aconteció con las llamadas Constituciones de Melfi (Grimberg, 1987), expedidas por Federico II de Sicilia en el siglo XIII y que de manera previa a la modernidad establecían la abolición en el reino de Sicilia de las leyes y costumbres contrarias a estas constituciones, por antiguas que ellas fueran. Estamos ante el tiempo inaugural de un nuevo orden jurídico.

El tiempo 1 del origen de una constitución, ¿es el origen de todas aquellas expresiones del tiempo vistas atrás? La fórmula es más o menos extendida; en Colombia declara: "Queda derogada la Constitución hasta ahora vigente con todas sus reformas. Esta Constitución rige a partir del día de su promulgación". De qué manera existe el nuevo orden jurídico con respecto al viejo orden jurídico en materia del tiempo es una pregunta que nos deberíamos formular. El tiempo del derecho como un todo se mueve entre el tiempo 1 y la perpetuidad. Se trata de un tiempo propio, tan hermético como autorreferencial en los términos de Niklas Luhmann. No siempre fue así. Al revisar algunos textos constitucionales clásicos las constituciones no constituyeron su propio tiempo, sino que, de cierta forma, inscribieron el suyo en el archipiélago que configuraban los otros órdenes con sus tiempos propios. En estos casos, el tiempo constitucional, en general el tiempo jurídico, era menos compacto, tenía más el sentido de un archipiélago, era menos autorreferente, era, si se quiere, más interdependiente. En algunos casos, antes de la modernidad reciente que declara con las constituciones explícitamente el inicio del tiempo jurídico perpetuo, el *big bang* jurídico no era una constante.

Al consultar la manera como se referían al tiempo tres textos constitucionales clásicos, para el caso, la Carta Magna de 1215, la Constitución americana de 1787 y la Constitución francesa de 1793, pueden observarse rasgos interesantes: no contienen normas que impongan una entrada en vigor global y que, además, revoquen algún orden –jurídico– previo; el tiempo no es un tiempo unificado de existencia jurídica, sino que, más allá de la coherencia que produce el articulado como manifiesto político global, sus tiempos son una dispersión asociada más al contenido de cada cláusula que a la constitución como un todo. Por lo demás, dado su carácter original, por lo menos en materia constitucional, tienen contenidos que se consideran clásicos: el futuro como promesa y seguridad, el intento por cerrar el pasado; el futuro global como perpetuidad, sin plazos de extinción; mientras que los plazos, las fechas y los lapsos son poco usuales, especialmente en la carta magna, la más antigua como es evidente. Un rasgo de la evolución del derecho occidental pareciera ser el de transitar de un derecho disperso (en numerosas culturas, unidades políticas medievales) a un derecho unitario en términos de tiempo (el de los Estados); y de un derecho que concibe el tiempo en la imprecisa estructura de las categorías simples de presente, pasado y futuro a un derecho que se concibe en el marco de un derecho unitario, pero, al tiempo, cada vez más trizado. A medida que las interacciones se intensifican y la necesidad de coordinación social es más exigente, el tiempo jurídico tiende a fragmentarse hasta el infinito. El tiempo jurídico es a la vez tiempo del *big bang* jurídico, tiempo perpetuo y tiempo roto.

El tiempo del *big bang* jurídico es tiempo inaugural y de ruptura mediante el cual se instaura explícitamente un antes y un después jurídico ("queda derogada la Constitución..."); el tiempo perpetuo del derecho es tiempo de promesa y posibilidad, es decir, el tiempo que se abre como posibilidad para ser usado, un tiempo del cual se dispone (en el cual caben tanto la norma NT1 hasta la norma NTn); y el tiempo trizado es tiempo de coordinación de las interacciones cada vez más aceleradas, ese que descompone esa perpetuidad en lapsos cada vez más cortos que expresan infinitud de interacciones normativas (las normas jurídicas incorporan términos de años, meses, semanas, días, horas, entre otros).

Norma fundamental: Rupturas y transiciones

De acuerdo con Kelsen, la norma fundamental es, en el sentido lógico jurídico, aquella que establece que el derecho debe ser obedecido. No es la misma constitución histórica, aquella que ha resultado de las interacciones políticas que establecen, declaran o imponen una constitución nueva. Volvamos con la cláusula conocida: "Queda derogada la Constitución hasta ahora vigente con todas sus reformas. Esta Constitución rige a partir del día de su promulgación". Es una declaración que unifica el tiempo jurídico y declara que antes de ella no hubo antes y que el después es uno solo: el que deriva del sentido compartido acerca de ese nuevo orden. Un nuevo orden que perfectamente puede ser recontabilizado a partir del año 1 de la constitución histórica, como acto instaurador del nuevo tiempo jurídico. Las efemérides sucesivas se suelen encomiar con cierto aire celebratorio y de arqueo, pero siempre remitiendo a ese punto 1 del derecho.

Este proceso de sometimiento al nuevo tiempo jurídico tiene una materialidad, la de su efectividad, que, en la mediana y larga duración, permite constatar que los destinatarios de ese orden adaptaron o no sus comportamientos al nuevo orden. Si se adaptan y en general lo obedecen, esa estructura normativa y sus derivaciones son derecho válido; si no, no hay tal derecho. Interesan aquí dos aspectos de esas rupturas o transiciones: las normas preexistentes y la validez de la nueva constitución histórica de cara a su propia efectividad. Veamos:

Las normas preexistentes no existen en el nuevo tiempo jurídico. Son previas a la nueva constitución histórica y la norma fundamental en principio no las articula. Sin embargo, su inexistencia, esto es, su destiempo, puede ser –y, de hecho, es así en muchos casos– integrado al nuevo tiempo jurídico naciente. Sus fechas no encajan con el nuevo tiempo jurídico, podrían en efecto ser derogadas por declaración o por interpretación, no obstante, a menudo, son integradas con sus fechas anacrónicas al nuevo tiempo vigente. Esa integración a veces procede por vía de declaración explícita constitucional con el texto de la constitución nueva; pero también por declaración legal; o, incluso, por interpretación jurisprudencial. El interregno en los dos últimos casos da lugar a preguntas, pues no es claro de qué manera existen en términos del nuevo tiempo jurídico. Conviene no olvidar que el material jurídico suele ser abundante y se encuentra "ahí" existiendo no se sabe cómo cuando no hay un pronunciamiento que lo integre al tiempo nuevo. La fórmula constitucional citada atrás no lo hace por vía general, por el contrario, elimina la posibilidad de invocarlo en tanto derogó su fuente de validez formal (la anterior constitución). Esta transición que va de su carácter anacrónico, a su eventual derogación hasta su renovación jurídica, genera preguntas: las leyes, las sentencias y los actos administrativos previos, ¿de qué manera están allí?, ¿cuál es su tiempo?, ¿acaso muere el tiempo de la anterior constitución y nace otro?, ¿es un tiempo diferente?, ¿otra norma fundamental?, ¿el tiempo es el mismo y quizá solo se modifica su cómputo?, ¿el contenido de la norma fundamental nueva en materia de tiempo cambia algo o el tiempo es invariable? Pareciera que no solo se regula algo así como los términos, sino el sentido más global del tiempo.

La ilusión del "como si" o hagamos como si el tiempo jurídico fuera uno solo

Una variante de los asuntos planteados es el asumir que todas las normas de un sistema jurídico existen al mismo tiempo. Desde el punto de vista fáctico las normas jurídicas de un derecho contemporáneo complejo, considerado como un todo, se expiden en tiempos fácticos –de la ciencia, del mundo real– dispersos, si se quiere, secuenciales, pero no concurrentes. No se expiden simultáneamente, al mismo tiempo. Pero se asume que su existencia depende de la existencia del orden jurídico todo que impone el tiempo unitario. Todas las disposiciones constitucionales, las leyes, los actos administrativos, las sentencias y los negociosjurídicos tienen fechas de expedición diversas, pero, en un momento dado, en un determinado instante, en este minuto o segundo, todas existen al mismo tiempo. No necesito insistir en que los contenidos históricos de esas normas se corresponden con épocas y culturas muy diferentes y, sin embargo, todas existen en ese momento. Esta observación no la hace menos relevante el hecho de que las normas jurídicas se sucedan en el tiempo y que existan provisiones jurídicas que se ocupen de la transtemporalidad o intertemporalidad de las normas jurídicas para establecer su fuerza normativa o, incluso, hacerlas coexistir.

Nietzsche hablaba de la ilusión del "como si" para referirse a las ideas, conceptos y ficciones de la filosofía y la ciencia. En su libro *El nacimiento de la tragedia* (1998) denunciaba esas ilusiones como falsas. Pareciera que en el derecho hay algo similar: hagamos "como si" el tiempo jurídico fuera uno solo. Negar esta ficción es negar el derecho de hoy: así como no es imaginable un orden jurídico sin tiempo, incluso, una norma jurídica sin tiempo, negar que el derecho tiene un único tiempo y constatar que el derecho es una concurrencia inextricable de fechas dispares e infinitas, hace imposible nombrar esa legión como un solo "algo". No se trata solo de ser consciente de sus fechas dispares, se trata de que la lógica del "como si" borra esos tiempos diacrónicos y pone toda esa dispersión de un orden imposible sobre la superficie organizadora de un solo tiempo: ahora toda esa dispersión "ocurre" al mismo tiempo. En relación con esa estructura cultural de nuestra creencia, Kelsen se refiere al sentido compartido de un orden, de acuerdo con lo cual el denominador derecho –ordenamiento o sistema jurídico– contiene esa dispersión temporal infinita y en los constantes actos interpretativos se olvidan esas fechas incongruentes y se hace hablar a esas normas en una sincronía. Es el principio de unidad temporal de un orden jurídico, un principio no estudiado concienzudamente por los teóricos del derecho. ¿Cuánto no hay que olvidar para que el Código Civil colombiano expedido en 1873 se encuentre en la misma superficie temporal de la Ley 2300 de 2023? Funes el memorioso, personaje extraordinario de Borges, no podía comprender que el perro de las 2 y 14 visto de frente fuera el mismo perro de las 2 y 15 visto de lado. Para Funes, no eran el mismo perro. Las diferencias le resultaban enormes, pues sus recuerdos eran tan precisos en un determinado tiempo y espacio que el registro en su memoria no permitía dar continuidad a la misma criatura. Mirado en detalle el todo pierde continuidad. Este cuestionamiento a "lo mismo" es lo que debe generarnos perplejidad.

Repito, el derecho es la creencia en un sentido compartido acerca de un orden. Podemos suspender esa creencia a fin de no olvidar que ello es una ficción, una ficción jurídica para que el derecho funcione. Si cada norma fuera una imagen de un perro diferente imposible de acumular con el otro perro para que todas parezcan el mismo, ese orden se haría imposible. Cómo logramos creer que aquella norma de 1873 tenía algo que ver con la de 2023 es por lo menos extraño. De acuerdo con el relato borgiano, Funes tuvo que inventar una manera especial de guardar sus recuerdos dado que no olvidaba nada y esos recuerdos se fracturaban en piezas a las que se les negaba toda unidad. La verdad es que más allá de algunos teóricos del derecho que mantienen esto presente, las personas del común viven el derecho ignorando que se trata de una ficción y asumen que no hay tal dispersión. Quizá esta coherencia, que es la que le da unidad al derecho, solo es una forma de olvido, y si somos pensadores exigentes, una falta de diligencia.

Al reflexionar sobre el espacio, Milton Santos nos ayuda a entender este aspecto del tiempo: afirma que la técnica es tiempo congelado y revela una historia, por ello, los objetos tienen sentido en una relación de coexistencia con otros objetos y según las acciones humanas. El objeto derecho tiene un contexto muy específico de emergencia, incluso en sus detalles más minúsculos: adquiere sentido pleno en las interdependencias de su propio tiempo. Michel Foucault en *La verdad y las formas jurídicas* nos hace notar que no éramos los mismos en el pasado, que el derecho de los períodos acaecidos era realmente diferente y que la identificación de similitudes con el hoy, al punto de creer que éramos los mismos o que hay una suerte de esencia humana que se entreteje inextricablemente con el derecho, habitándolo en su perpetuidad, es una quimera.

Para dar cuenta de la naturaleza del derecho, el realismo jurídico en su versión historicista ponía el énfasis en el momento en el cual una norma es expedida. Para los realistas la clave se encuentra en su contexto material de expedición, de tal suerte que la interpretación jurídica debería tomar en cuenta esos datos para comprender el sentido de esa norma. Las normas tienen un contexto de emergencia, todas ellas: Beccaria (1987) diría que nacieron de una fortuita y pasajera necesidad. Denominar derecho a una abigarrada sumatoria de normas jurídicas procedentes de contextos espaciotemporales a menudo remotos implica un acto de olvido y reedición en función de un "presentismo" jurídico.

El derecho de este día y hora solo puede ser tal como efecto de un acto de olvido de las condiciones de posibilidad de cada norma jurídica que lo configura. El presentismo es la actitud mediante la cual el tiempo jurídico es reducido a tiempo presente. La vigencia jurídica es el olvido del pasado o, peor, su reconstrucción en función del hoy. Probablemente, estas consideraciones condujeron a que Herbert Spencer lamentara que la ley sea siempre una forma de dominio de lo muerto sobre lo vivo. Quizá sea diferente: la vigencia es el uso del pasado para controlar el presente, como sugiere Nietzsche en *De la utilidad y los inconvenientes de la historia para la vida*. Al pasado se lo "presentiza" para manipular el hoy. No es solo que los romanos antiguos hayan sido sabios, es, más bien, que algunas de sus instituciones son útiles a los poderes contemporáneos para lograr ciertas cosas.

En tal sentido, la expresión derecho vigente inexorablemente empobrece el azaroso proceso de construcción e interpretación de ese derecho, ello porque el derecho siempre es proceso, nunca es fotograma. Contra nuestra creencia más común el derecho no es una instantánea posible, pues el derecho infinito es indescriptible en un momento dado. El infinito no cabe en el presente. El derecho como un todo está impregnado de tiempos infinitos vinculados a cada norma que configura esa armazón. Desde la perspectiva del tiempo el derecho positivo es la simplificación de la complejidad histórica, los sujetos y los intereses que crean la vigencia como forma de poder.

La vigencia es entonces una manera de naturalizar la realidad –"actual"– del derecho. El derecho no está diseñado para dar cuenta de este olvido y restaurar el pasado en su propia especificidad de producción. Sin procesos y actores sociales y sin intereses el derecho queda reducido a una literalidad solo vigente; y la instauración de las luchas que dieron origen a cada uno de sus contenidos queda eliminada, de tal suerte que el derecho vigente como deber ser es una manera de contribuir al olvido del ser, el ser social, el ser político que en sus confrontaciones dio lugar a aquel resultado, que por esta vía deja de ser resultado y es expresado en términos de vigencia actual. Todo el derecho toda la historia del derecho todas sus experiencias concretas se ponen al servicio del hoy. En este sentido, la vigencia recoge la idea de una linealidad histórica al servicio de la actualidad. De acuerdo con esta manera de entender el derecho como vigencia, el derecho fue creado en cada momento y lugar para servirnos a nosotros en el hoy. La vigencia es el sistema de creencias que nos hace asumir que somos la razón de ser de la historia.

Por último, en la dimensión del presente de un sistema jurídico contemporáneo hay una dificultad adicional para dar cuenta de su extensión y, por ende, de su vigencia: es virtualmente infinito. De nuevo, no se trata solo de la extensión inmensa de las normas jurídicas que componen el derecho internacional, la constitución, los miles de leyes, los miles de sentencias y los millones de actos administrativos y negocios jurídicos que se expiden a cada momento, y sus interpretaciones posibles, sino que durante el acto material de la delimitación, identificación y descripción ese derecho se multiplica. Durante el lapso que implica su descripción, la producción jurídica crece. La figura que se me ocurre para presentar la dificultad que ofrece este desafío es la del principio de incertidumbre de Heisenberg, aplicado al mundo de la física de partículas: la realidad material es imposible de conocer pues la incertidumbre es constitutiva del mundo material. Dado que el presente no es susceptible de ser plenamente conocido, las predicciones exactas se tornan imposibles. De ser así para el derecho, como pareciera serlo, la imposibilidad de conocer el derecho en un momento dado hace también imposible cualquier intento más o menos serio de predictibilidad acerca de sus tendencias, de sus transformaciones considerado como un todo. Aunque es difícil sostener lo mismo que aquí se dice respecto de un segmento jurídico determinado, hay factores que inducen dificultad para predecir, tales como las discordes interpretaciones judiciales, la variabilidad de las políticas legislativas, la aplicación amañada o la dificultad práctica para localizar una norma jurídica.

Como podremos ver en el capítulo 6, el propio Alf Ross aceptaba esa dificultad. La incertidumbre es parte esencial de los sistemas jurídicos complejos. Y, con Luhmann, podemos afirmar que el intento por reducir su complejidad aumenta su complejidad, lo cual es fácilmente perceptible con las frecuentes "compilaciones" normativas y sus efectos adversos de cara a la precaria precisión con la cual se delimita un segmento jurídico.

Más que una típica ficción legal, la lógica del "como si" respecto del tiempo del derecho integra la creencia compartida en un orden jurídico para hacerlo funcionar. El derecho es derecho como efecto de nuestra persistencia en entenderlo como una unidad, esto es, el derecho es la consecuencia de conjuntar una gran dispersión en un todo unitario. Olvidar eso es nuestra falta de diligencia para entender que se trata de la ilusión del "como si". Cuando Kelsen se refiere al Estado –y, por tanto, al derecho– como una creencia similar a la de Dios, nos está retirando el verdadero velo de ignorancia y enfrentándonos al hecho de que ninguno de ellos existe si no creemos en ellos. Son hombres dominando hombres, dirá el austríaco, paradójicamente acusado de "formalista". Hay quienes no hacen *como si* esa dispersión fuera derecho. Hay quienes se resisten a aceptar que esa dispersión sea presentada como un orden jurídico: para los historiadores del derecho como Foucault, ese orden jurídico guarda una historia de especificidades cuya trayectoria se explica por emergencias difíciles de acumular en eso que llamamos Estado o derecho. Cuando nos ocupamos a fondo del surgimiento de los diferentes segmentos jurídicos, cuando en efecto conocemos las pequeñas miserias y trampas que dan lugar a las normas jurídicas que los componen, el cemento que las unifica se diluye y las capas que lo forman pueden ser retiradas. Esto lo comprenden a menudo los grupos de resistencia jurídica: feministas, subversivos, objetores de consciencia, anarquistas. Hamilton en su *Lógica parlamentaria* (2010) nos da las claves de ese origen del derecho (para él, una gran sumatoria de argucias y engaños) y por esa vía nos ayuda a comprender que la unidad jurídica es una invención y que no debiéramos olvidarlo.

La percepción del tiempo jurídico

Dado que por su propia naturaleza el tiempo jurídico es convencional o impuesto, suele ocurrir que no sea compatible con el tiempo científico, el social o el individual. Es importante la percepción que las sociedades y las personas se forman acerca del tiempo jurídico. Esta percepción a menudo está asociada a los términos, los plazos y otros lapsos similares. La percepción sobre el tiempo jurídico pareciera no diferenciarse de los aspectos generales de la percepción del tiempo: en ella influyen factores como la motivación, las expectativas de cambio, la valoración de un pasado doloroso, la sensación de injusticia por tratos crueles o asimétricos, entre otros.

Como ocurre con frecuencia con la percepción que tenemos respecto del tiempo natural que nos parece más largo o corto de acuerdo con lo motivados o no que nos encontremos con respecto a su transcurso, el tiempo jurídico también está sujeto a ciertas determinaciones culturales y personales que condicionan su percepción. Desde esta perspectiva el tiempo jurídico no es objetivo por más que el lapso transcurrido sea exactamente el mismo. Dos partes enfrentadas con intereses opuestos perciben de manera diferente el vencimiento de un plazo otorgado por el derecho a una de ellas, aunque el término sea el mismo para ambas.

Ocurre algo similar con la práctica de la tortura y su percepción: recordemos que Beccaria advirtió que para su época la tortura estaba legalizada en la mayor parte de las naciones. La tortura fue legal en muchos lugares del mundo y probablemente hoy también lo sea bajo ciertas circunstancias. Puede ser el resultado de una sanción ordenada por jueces, quienes, como deja claro Paul Kahn, administran dolor. El tiempo del torturado y el torturador complacido es el mismo en su cuantificación científica, pero a la víctima y al victimario se les hace distinto: tiempo de atroz dolor –demasiado extenso– y tiempo de intenso placer –quizá muy corto–. Una excepción extraordinaria la podemos leer en el escrito de Mario Benedetti, *Pedro y el Capitán*. Pareciera que torturar sin obtener los resultados esperados se convierte en otra tortura.

El tiempo para quien se encuentra complacido y motivado pasa muy rápido; mientras que el tiempo de quien se encuentra aburrido, desmotivado o martirizado es muy lento. No percibimos el tiempo –su transcurso– cuando estamos muy excitados, pero lo captamos muy bien cuando estamos aburridos. De acuerdo con Étienne Klein, "hay una experiencia –propiamente metafísica– del tiempo físico, que no es otra que la del tedio: cuando no ocurre nada ni es previsible que nada suceda" (2005, 53).

Los abolicionistas critican que los jueces penales envíen a la cárcel a sus condenados a pasar lapsos de tiempo interminables en condiciones temibles de pérdida de libertad –pérdida de casi todo, en realidad– sin tener esos jueces idea de exactamente a qué lugar los envían y, la mayor parte de las veces, sin tener la menor idea de lo que es pasar una sola noche en una cárcel. Beccaria se preguntaba por el cruel contraste que hay entre la indolencia de un juez y las angustias de un reo. El tiempo de reclusión, tiempo aceptado por algunos tratados internacionales, por todas las constituciones y por infinidad de leyes penales, es percibido muy distinto por los jueces, las víctimas, el condenado, los guardianes de la cárcel, la familia del condenado, en fin. El tiempo es una construcción social y, además, depende de una percepción situacional a menudo individual, por ello, el tiempo de la reclusión nunca es el mismo. El juez puede pensar que le impuso la pena más baja (por ejemplo, treinta años) cuando podía imponerle cuarenta y cinco, y puede sentirse piadoso, pues se trata de un tiempo proporcionalmente corto; las víctimas del crimen posiblemente consideran que el juez abusó de su poder al imponerle la pena más baja, lo cual no dudan en calificar como una irredimible injusticia y, de hecho, un perdón que invita a delinquir; los guardianes de la cárcel lo ven asociado a su tiempo laboral o de prestación del servicio, y, si son algo atentos, como una fuente inagotable de trabajo para ellos; la madre del condenado con frecuencia lo ve como un tiempo de reclusión propia que equivale a no poder dormir bien nunca más. El mismo tiempo para el legislador que hace posible ese tiempo de reclusión a menudo significa una respuesta de populismo punitivo que le garantiza un período adicional en el Congreso de la República. El tiempo jurídico es relativo, como es relativo el tejido espaciotemporal de acuerdo con el entendimiento de la ciencia.

Algo similar ocurre con otras percepciones del tiempo jurídico: las declaraciones constitucionales que crean derechos sociales de contenido material (trabajo, educación, salud, vivienda, alimentación) no suelen establecer, salvo excepciones, lapsos de tiempo explícitos y perentorios para su cumplimiento. No obstante, las personas peor situadas en un orden social leen esas declaraciones como determinantes y esperan legítimamente que sean cumplidas de inmediato o pronto. Pero no se cumplen. La Constitución de Colombia de 1991 estableció un listado importante de esos derechos, y su cumplimiento hoy, pasados treinta y tres años, es precario. Al considerar el texto constitucional es difícil hablar de incumplimiento porque la mayoría de aquellos carecen de contenido prestacional claro, no tienen fecha fija de exigibilidad y dependen de ciertas condiciones materiales. Su debilidad condujo a que fueran interpretados como promesas, chances, planes, posibilidades, etc., hasta que casi desaparecieron como derechos exigibles. Dado que no fueron redactados como una regla, sino más bien como principios, fines o valores, su débil condición jurídica abrió espacios al incumplimiento al quedar su exigibilidad en manos de intérpretes incumplidores.

Esta debilidad es también una transición temporal. Se transita de un tiempo de la inmediatez o la proximidad a un tiempo teleológico. Teleológico no significa aquí relativo a los fines sino siempre futuro y nunca presente. Teleológico termina por significar utópico. Los derechos convertidos en promesas o proyectos son el triunfo de una interpretación que hace efectivo el aplazamiento de la satisfacción siempre justificado. Una mayoría abrumadora de teóricos de los derechos teorizamos sobre estos asuntos sin la angustia inmediata del hambre.

Pulimos nuestra arquitectura argumentativa y la sometemos al criterio de la comunidad académica, todo ello para explicar las razones –compartidas o no– de esa postergación, pero lo hacemos con nuestras cuentas pagas. Son tiempos distintos de espera: el del titular del derecho sin esperanza, el del estudioso solidario que no lo tiene como su problema inmediato, el del legislador promitente ("nosotros cumplimos con expedir la ley"), el del burócrata de la administración que lo calcula en lenguaje de votos ("se incluyó una partida presupuestal, noten que nosotros sí les estamos cumpliendo, pero es que…"). La laxitud jurídica contrasta con la perentoriedad fáctica: Valéry, citado por Étienne Klein, decía: "Esperad a tener hambre. Privaos de comer y veréis lo que es el tiempo" (2005, 137).

Estos tiempos de espera con insatisfacciones predecibles hacen pensar en las razones por las cuales estas poblaciones con expectativas eternamente aplazadas soportan esta situación de constantes promesas incumplidas. Las explicaciones son numerosas. Interesa aquí solo saber que la percepción individual, grupal y social del tiempo puede ser alterada, puede ser manipulada. Ya se había descubierto que existen sustancias que alteran la percepción del tiempo: los estimulantes favorecen sobreestimar el tiempo, en tanto que los inhibidores logran el efecto de subestimarlo. El hecho es que objetivamente el tiempo es el mismo, pero lo percibimos más rápido o lento. ¿De qué manera logran los órdenes sociales inhibir la percepción del tiempo de espera?

En el mundo de la política y el derecho parecieran existir estímulos externos que quizá produzcan un efecto similar. Pensemos en las emociones políticas que dan lugar a algunas actitudes individuales y sociales respecto de ciertos acontecimientos vinculados a los plazos y los términos de normas jurídicas. El entorno político electoral (el ambiente que crean los líderes con sus discursos, las redes sociales, los medios de comunicación masiva, etc.) puede generar una percepción alterada del tiempo, por ejemplo, con el tono de catástrofe insuperable si se elige al rival político. El tiempo pasa a ser percibido como un tiempo sin retorno, un tiempo apocalíptico sin remedio, que en el fragor de los más intensos intercambios políticos se extrema para el día de las elecciones y el desarrollo del escrutinio a la espera de los resultados. Conocidos a los resultados, la euforia y la resaca política marcan un tiempo diferente. Diferente de cara al tiempo previo a las elecciones y, de nuevo, diferente de cara a la valoración del resultado favorable o desfavorable: tiempo de constatación de la catástrofe y tiempo de reconstrucción de la esperanza para las elecciones siguientes, muy lejanas ellas para restaurar el orden. Del otro lado del espectro político, tiempo del triunfo y la satisfacción y la idea de que este gobierno merece un tiempo amplio para demostrar que todo puede cambiar. Al dar lectura a las normas electorales estos asuntos no aparecen a primera vista.

El llamado *tiempo de los derechos* (título de un libro de Norberto Bobbio) funciona como un dispositivo esperanzador. Si, como lo sugiere Kelsen, el derecho es en esencia un sistema que impone deberes, es decir, que fundamentalmente establece conductas exigibles, captamos su sentido clave: se trata de un orden antes que de una esperanza. El tiempo de los derechos no deja de ser el derecho de los deberes, pero enunciarlo como el derecho de los derechos lo hace lucir mejor. Referirse al derecho actual occidental como un derecho de los derechos permite opacar que es un sistema que primordialmente impone deberes, lo cual no es nada malo en sí, pero su función ideológica se modifica y debilita la legitimidad de ese determinado orden. Una constitución que se redacte en clave de deberes es asimismo jurídica y probablemente funcione de la misma manera que una constitución que se redacte en clave de derechos, como suele suceder, solo que la confianza en ella quizá decrezca. La percepción ya no será la de estar ante una constitución propia del tiempo de los derechos, sino que, probablemente, tendremos la sensación de retornar al tiempo de los deberes, asociado a la idea de las dictaduras. Podría demostrarse que el problema es de redacción y no de estructura: "Todos tienen derecho a la vida" equivale a la expresión: "Todos tienen el deber de respetar la vida de los demás". Pero la percepción cambia: nos remite a la idea de un tiempo jurídico diferente. Hipotetizar esta alternativa puede ser relevante en un aspecto específico: un orden jurídico "inverso", expresado en términos de deberes, quizá enfatice que el orden social es ante todo un compromiso, la tragedia del vínculo social (la expresión es de Kelsen). Es curioso, porque en términos de percepción pareciera que lo mismo es algo diferente: el tiempo de los derechos no pareciera ser el tiempo de los deberes.

La perpetuidad del orden jurídico

El orden jurídico como un todo no tiene fecha de extinción. Es muy extraño que un orden jurídico en su totalidad establezca una fecha de terminación, una fecha de caducidad que prevea cuándo ese orden jurídico habrá de terminar. Solemos decir que ciertas normas jurídicas tienen vocación de perdurar, esto es más cierto en el caso del derecho como un todo. Al relacionar esta afirmación con el Estado y particularmente con la soberanía como su rasgo central, podríamos entender que el Estado –como derecho en Kelsen, según su ataque a los "falsos dualismos"– es igualmente perpetuo. No me refiero a eventuales fechas de terminación de fragmentos de los órdenes jurídicos ni de sus gobiernos, sino del derecho todo, el derecho como sistema u orden jurídico total, hoy no solo estatal, también internacional. En ninguno de esos dos niveles se suele hablar de transitoriedad de un orden jurídico: una vez establecido, se asume que es perpetuo. Quizá esto nos recuerde una de las significaciones de la palabra *Stato* de Maquiavelo: estable, permanente.

También es verdad que las constituciones o declaraciones políticas constituyentes no suelen referirse a esta perpetuidad. Salvo en ciertos casos de inestabilidad política y transitoriedad persistente de los órdenes jurídicos, no es muy común que este tipo de cláusulas sean incorporadas explícitamente. Simplemente se asume que un Estado y su orden jurídico son para la eternidad. Así ha sido siempre, quizá asumimos. Una vez el orden jurídico empieza, luego del *big bang* constitucional, damos por hecho que los millones de normas jurídicas que lo integran se articulan linealmente hacia un futuro infinito. Un día habrá que hacer el estudio de las normas jurídicas y sus propias dimensiones temporales comparadas, esto es, aproximarnos al tiempo de las leyes, de los actos administrativos, de los negocios jurídicos y, sobre todo, de las sentencias, de ciertas sentencias. Es relativamente fácil saber cuándo se da la derogatoria de las leyes y los actos administrativos, pero no pareciera existir un criterio o procedimiento igualmente claro para conocer el tiempo de terminación de los efectos de una sentencia, de ciertas sentencias. Con respecto a las sentencias de las altas cortes que no deciden acerca de litigios individuales, ¿cuándo terminan sus efectos?, ¿cuál es su tiempo de existencia jurídica?, ¿cómo es que no existe una suerte de derogación jurídica de ellas? Esto no parece encajar bien con la idea extendida de que las normas jurídicas tienen una existencia temporal limitada.

Probablemente, sea Juan Bodino el autor que primero teorizó sobre la soberanía como perpetuidad. Le asignó ese carácter a la república como forma de gobierno y entendió que la soberanía era un rasgo de ese poder público –trascendente a sus gobernantes– a diferencia del poder privado más transitorio, menos estable, sujeto a la prescripción. Debería pensarse cuál es el origen de esta idea de la perpetuidad. Podríamos quizás entenderla como asociada paradójicamente a la inestabilidad política que experimentaban los autores como Maquiavelo, Bodino y Hobbes, y el riesgo de la guerra de oportunidades abiertas a la que se refiere Tilly (1992), de un Medioevo en proceso de cierre por la vía de la unificación del poder en el monarca absoluto venidero. Declarar al Estado estable y perpetuo ayudaba a conjurar con las palabras los demonios de la precariedad de esos órdenes políticos en riesgo permanente.

De ser así, tal vez la perpetuidad de los órdenes jurídicos deba ser leída como un intento por conjurar el futuro y su aleatoriedad. La idea de que el orden jurídico nunca va a acabar y que es eterno es la proyección en el orden político, en el orden estatal y, para nuestro interés particular, en el derecho, del intento por la superación de esa –hasta ahora– condición humana de la muerte. Perecemos como individuos, pero perviven nuestras obras, para este caso, el derecho. Sin pensarlo, la precariedad humana encuentra un consuelo en que nuestra organización colectiva se proyecte a un futuro lejano. Una manera de exorcizar el fin de los tiempos. Es solo una esperanza, claro: recordemos la declaración constitucional francesa, "el pueblo francés no hace la paz con el invasor", pero quizá la hizo. Nos comprometemos jurídicamente en que no habrá tiempo en que hagamos algo que hoy nos resulta inaceptable, pero la eternidad es muy larga. Esto lo sabía bien Ulises al surcar el mar de las sirenas, así que, publicada y convertida en derecho la promesa, nos creemos más atados a nuestras palabras y aumenta el costo de declinar. La frase dice: "El ahora que todavía era ahora ya no es ahora ahora". La perpetuidad no logra conjurar la perentoriedad del presente, y el pasado inmodificable no es garantía de nada para hoy.

Esta expectativa de perpetuidad que se encuentra en el trasfondo de los órdenes jurídicos como expresión de nuestra condición humana contrasta con toda clase de anuncios de la desaparición de ciertos elementos que son condición de aquella perpetuidad declarada: en las artes, en la ciencia, en la filosofía, en la economía, en la política, en la historia ha habido autores ilustres y otros no tanto que han hecho el vaticinio con sentidos y efectos muy diferentes. Cercanos a estos temas encontramos: la terminación de la lucha de clases, según Marx; el fin de la historia, previsto por Fukuyama; el fin del hombre, considerado por Foucault; el colapso de las sociedades posindustriales, anunciado por Alain Turain; el último hombre, mencionado por Nietzsche.

Con una propuesta de comprensión de tal conjuro contra la certeza del fin, probablemente el libro *Dios y Estado* de Kelsen nos ayude a comprender de dónde proviene esta apuesta por la perpetuidad. Kelsen considera que Dios y Estado son dos creencias, dos sistemas de creencias que existen solo si en efecto las tenemos como reales. Por supuesto que el término "creencias" no significa mentiras o engaños. Que se diga esto en términos religiosos quizá no sorprenda, pero que se diga esto mismo en términos del Estado es sumamente desafiante. Solemos tener una imagen bastante material del Estado. ¿Cómo no habrá de existir el que nos somete, el que nos protege, aquel contra *quien* luchamos? Que se nos presente el Estado como una creencia colectiva –que *solo* está en nuestras mentes– es importante para entender que probablemente la base histórica de tal perpetuidad está asociada a la idea de hipostasiar a Dios en el Estado. Por tanto, si Dios es eterno, el Estado también debería serlo. A ambos se les suele atribuir el poder de conjurar nuestros más profundos temores.

Más tenebrosa, sin embargo, es la derivación posible, según la cual, si el Estado es una creencia colectiva que descansa en nuestro imaginario, a la sazón el Estado somos nosotros, el Estado soy yo. Si el Estado no es algo así como una imposición externa que se imprime sobre nuestra naturaleza humana ya dada y definitiva, sino que es en esencia una creencia compartida que me hace un sujeto jurídico junto con otros millones de nosotros, pareciera posible aceptar que el tiempo del Estado y el tiempo de sus sujetos, de nosotros, es el mismo tiempo. El Estado pervive en nosotros. Tenebrosa, pero también emancipadora, pues sugiere que un primer paso para construir cierto tipo de libertad es el de suspender esas creencias.

Una línea de interés en este asunto de la perpetuidad es la de la eternidad que se les confiere a ciertos propósitos más específicos y que se expresa en normas jurídicas muy de moda hoy: los delitos imprescriptibles detienen el reloj jurídico de las garantías del plazo de investigación, acusación y juzgamiento de ciertas conductas. No hay derecho al plazo en ciertos delitos, claman sus defensores. Una suerte de "cancelación" como la que defienden algunas activistas de cierto feminismo. La perpetuidad va colonizando ciertos fragmentos jurídicos y, curiosamente, coexiste con un tiempo cada vez más veloz y trizado.

No obstante, seres humanos y Estados –órdenes jurídicos– perecen. Por lo pronto, el tiempo de ninguno de ellos parece eterno. Cómo desaparece el tiempo del derecho es algo que también debería ser objeto de estudio. No parece que fuera un asunto de declarar una nueva constitución que así lo establezca ("queda derogada la Constitución anterior..."), pues como lo dejan claro Kelsen y después Hart la validez de la nueva constitución histórica depende de que los destinatarios ajusten su comportamiento al nuevo orden constitucional que "tiene" expectativas de ser obedecido, esto es, de imponer su nuevo tiempo jurídico. No es la instantaneidad del cambio jurídico la que marca la sustitución, sino la facticidad de su obediencia y la aceptación de su nuevo tiempo, y para verificarlo requerimos más tiempo y otras disciplinas diferentes al derecho a fin de constatar el cambio efectivo en los comportamientos. Los tiempos jurídicos y fácticos no coinciden. Kelsen –y luego Hart– defiende la idea de que en tales casos el nuevo orden jurídico se hace válido de manera retroactiva, por lo tanto, su tiempo proyectado solo se hace tiempo impuesto cuando los destinatarios de ese nuevo sistema jurídico lo acepten como su derecho, momento para el cual se hace imprescindible retornar al momento de la expedición constitucional para confirmar que hubo un *big bang* normativo.

Prohibir una cierta manera de concebir el tiempo

Los órdenes jurídicos establecen deberes. En general, esos deberes prohíben, facultan u ordenan algo. Ese algo podría ser una manera específica de entender el tiempo. Ya he dicho que los órdenes jurídicos en general se configuran por concepciones específicas del tiempo. Aquí pongo el énfasis en si los órdenes jurídicos no solo desestimulan una determinada forma alternativa o contraria a la dominante acerca de la concepción del tiempo, sino que pueden llegar a prohibir alguna. Los órdenes jurídicos han prohibido relacionarse con una "raza", han prohibido hablar ciertas lenguas, han prohibido usar ciertos espacios, han prohibido darse muerte a sí mismos, han adelantado procesos judiciales sancionatorios contra los animales, en fin. Ordenar que solo es válida una manera de ver el tiempo puede ser parte de ese legado.

Elucubremos posibilidades: un orden jurídico bien puede no solo imponer el nuevo conteo del tiempo (año I después de...), sino prohibir explícitamente y mediante sanción continuar con la forma del conteo ya abolida; puede ordenar que solo serán tenidos como derechos los derechos positivos incorporados en la nueva constitución, declarada por la asamblea constituyente; y, a la par, prohibir la existencia de derechos naturales ahistóricos y eternos, así como de la costumbre, todos los cuales entrañan un tiempo anclado en el pasado, a menudo defendido como prejurídico y preestatal; puede, igualmente, prohibir hablar del tiempo mesiánico, del tiempo de la resurrección, del tiempo apocalíptico o sancionar a quienes nieguen que el tiempo fue creado por Dios; puede sancionar fuertemente que se acepte un tiempo cíclico en lugar de un tiempo lineal. Puede prohibir que se niegue la existencia de una edad de oro o el tiempo de un holocausto. Pueden prohibir abrir un tiempo pasado, mediante leyes de punto final.

Más aún, si la norma fundamental o la primera constitución histórica declaran o por medio de ellas se asume que el tiempo corre en un determinado sentido –la "flecha del tiempo"–, esto es, del pasado hacia el futuro (la más usual concepción) o del futuro hacia el pasado (menos usual, pero propuesta como indagación por la filósofa Hedwig Conrad-Martius), bien puede el orden jurídico esgrimir el propósito de valorar de maneras diferentes el pasado y el futuro. Quizá hoy esto no sea tan importante. Quizá esto sea así porque hoy pareciera que la flecha del tiempo no se puede girar (según la segunda ley de la termodinámica es imposible regresar al tiempo pasado, lo que pasó pasó, pero conviene tomar en cuenta que esta no pareciera ser una ley fundamental del universo) y que tampoco podemos acelerar el tránsito por el tiempo para llegar más rápido al futuro.

No obstante, como acertadamente advierte Kip Thorne, con los avances del conocimiento es imposible afirmar que eso no se pueda lograr en el futuro. Al parecer, las leyes de la física no impiden retroceder en el tiempo. Vale señalar que hace pocos meses algunos científicos lograron que un electrón fuera simultáneamente hacia atrás y hacia adelante en el tiempo, y se ha logrado el "rejuvenecimiento cuántico", de manera que una partícula retorne en el tiempo a un estado incluso desconocido. La valoración del pasado y el futuro y su consistencia e integridad podrían ser modificados en el futuro a placer. Probablemente ese sea un contenido jurídico fundamental en unas décadas: "Queda prohibido modificar el pasado, salvo en el caso en el cual…". O, jugando con Borges: "El tiempo debe ser uno solo. El tiempo legal solo acepta un flujo de sucesos. Se tendrán por inexistentes los senderos temporales que se bifurcan…". Más administrativo: "Se recuerda a los crononautas que el tiempo constitucional fluye del pasado hacia el futuro. El reloj biológico del infractor que lo invierta será adelantado un mes".

Tercer capítulo
El fin de los tiempos y su derecho

Ni la teoría del derecho ni la filosofía del derecho se plantean el problema de cuál es el derecho para el fin de los tiempos. Se han interesado en cómo emerge el derecho y, especialmente, cómo pensarlo en plena vigencia o, incluso, en situaciones de crisis transitorias, esporádicas, limitadas. También se han planteado el problema del nacimiento y la muerte de los Estados. Pero el problema del fin absoluto de la humanidad como la conocemos y los desafíos para el derecho que ello trae consigo al parecer no ha sido planteado. En este punto puede observarse una distancia relativa entre la preocupación escatológica de las religiones (en sus versiones encaminadas al final del mundo material terrenal) y el desinterés jurídico por el fin de la historia. Pues bien, este capítulo busca trazar algunas líneas sobre la relación entre el fin de los tiempos y el derecho.

Parte de la humanidad siempre ha temido el fin del mundo. Especialmente desde la antigüedad lo han hecho las religiones (Koselleck, 1993), en particular las que se basan en tiempos lineales -aunque no solo esas-, que suelen vaticinar y esperar finales apocalípticos, algunos de ellos con juicios finales (Martín Rees, 2000). Los distintos profetas desde la antigüedad hasta el Medioevo se han tomado muy en serio el asunto y han adelantado cálculos para fijar la época o la fecha de ese final. Ahí están las profecías de Ezequiel y su tiempo del fin; los anuncios del fin de los tiempos y el subsiguiente juicio final profetizados en varios evangelios y en el Apocalipsis bíblico; el día de la retribución o la rendición de cuentas, en el islam, entre otras. Algunos registros parecen sugerir que hubo numerosas fechas precisas para el fin del mundo: Clemente de Roma la fijó para el año 90; Beato de Liébana la profetizó para el 793; para los cristianos, culminaría en el año 1000; Juan de Toledo lo predijo para 1186; para Inocencio III, acababa con toda certeza en 1284; los joaquinistas vaticinaron el 1290, y al no darse, corrigieron para el 1335, que tampoco se dio; Lutero auguró el final para el 1600, y Cristóbal Colón, para 1656, y la lista se extiende hasta el día de hoy, por motivos de toda índole. Llaman la atención los finales predichos para el año 1998, con el Mitch; para el 2000, con el Y2K; el atribuido a la predicción Maya de 2012, y tantos más. El fracaso en las predicciones no desanima a sus fabricantes y sus seguidores se encuentran a la espera de la reedición con la fe intacta: una vez más, el fin del mundo. Esta flexibilidad de un acontecimiento antes tenido por único y definitivo también está presente en el cine y sus "finales alternativos". Usted escoge el final que prefiera, la muerte es solo una alternativa posible.

Estos temores no fueron conjurados con la modernidad, la ciencia y la razón. Con más o menos fundamento el fin del mundo sigue a la vuelta de la esquina: la amenaza nuclear, los extraterrestres, las llamaradas solares, otro asteroide, una pandemia, el calentamiento global, el congelamiento global, los supervolcanes, las capas tectónicas, el cambio climático, la desaparición de las plantas y los animales, la autodestrucción por el descontrol científico ya sea debido a la inteligencia artificial, a los descalabros genéticos, en fin. Muchos finales próximos y posibles. Los menos próximos también están ahí, pero no a la vuelta de la esquina: el choque entre la Vía Láctea y Andrómeda, la expansión del universo, la contracción del universo, algún voraz agujero negro, el final del sol dentro de cuatro mil millones de años. Ciertos emprendedores se adelantan a estos panoramas trágicos y buscan la autodestrucción de la humanidad: el Movimiento por la Extinción Humana Voluntaria sirve de ejemplo.

De la utilidad del fin de los tiempos

A veces nos puede quedar la sensación de que esto del fin del mundo es un asunto de charlatanes y fanáticos, y puede que así sea, pero el tema es un poco menos intrascendente. El fin del mundo rinde grandes ventajas para la religión, el mercado, la política y la ciencia. Cada uno a su manera le extrae sus frutos a la expectativa y el temor que generan esos augurios calamitosos, de ahí que siempre haya vaticinadores dispuestos a proyectar otro final, a fijar una fecha próxima y a obtener sus réditos. Las relaciones entre estos cuatro campos han sido fluidas e interdependientes, de tal suerte que no siempre es sencillo discernirlas.

Para las religiones es crucial la amenaza que deriva de un juicio final que se producirá con toda certeza después del final de los tiempos. Ese juicio final será llevado a cabo por Dios, quien balanceará el comportamiento en la vida transitoria, precaria, terrenal y tomará en cuenta la fidelidad a los dogmas, el desprecio por la vida material y la valoración de la vida eterna. Usualmente, se reserva un castigo eterno para los que dilapidaron la vida mundana, y se guarda la vida eterna para quienes sacrificaron los placeres transitorios y se consagraron a Dios. El día del juicio final los justos verán recompensados sus esfuerzos por estar cerca de Dios y podrán ver cómo se hace justicia divina al enviar a los infiernos para que sufran castigos atroces a aquellos que no siguieron los mandamientos divinos.

Estas amenazas contenidas en los libros sagrados han sido difundidas por todos los medios en los últimos milenios. La amenaza y la idea de que el final está cerca son propaganda ordinaria y reiterada. *El infierno*, de Dante, y el *Tríptico de las delicias*, de El Bosco, expresaron de modo gráfico lo que nos espera. Este relato se materializa en un control de la vida cotidiana de las personas por parte de las Iglesias, quienes a través de sus administradores dividen el mundo en pecadores y salvos avizorando el tenebroso final. Pero los administradores del culto religioso no se quedan en la vida espiritual, sino que adaptan las infracciones a los preceptos divinos a aspectos bastante interesados del mundo de la política, las demás religiones, la moral, la ciencia, las leyes laicas, la sexualidad, entre otras. En ciertos casos, el final de los tiempos será pavoroso si usted adhiere a otra fe religiosa, si afirma que la tierra es redonda y que no es el centro del universo, si usted es homosexual, si no colabora con sus diezmos, si le cobra impuestos a la Iglesia, si investiga ciertos comportamientos sexuales de los curas, si se pregunta por las finanzas de esos cultos, si está de acuerdo con el aborto, si exige igualdad de sexos dentro de ciertas iglesias, si duda de la existencia de Dios, si no vota por el candidato político de cada iglesia, en fin. Sin la amenaza del fin de los tiempos cuesta creer que este tipo de religiones mantenga algún control sobre la vida de las personas.

Para la política el final de los tiempos ha tenido su importancia, no solo por la cotidiana proximidad con las religiones –cuando no se trata de Estados directamente confesionales– y la búsqueda de votos de grupos de creyentes (recientes casos como el de Francisco Franco y las dictaduras latinoamericanas lo constatan, y cómo no mencionar a Bolsonaro y a Trump), sino también porque la política es porosa a las advertencias científicas sobre el fin del mundo que condicionan su agenda. Pero la política ha tenido su propia relación con el fin de los tiempos, usualmente presentada a partir de ideas como la de la situación límite, la del enemigo absoluto, las guerras de extinción de la humanidad y las respuestas urgentes para revertir la situación calamitosa. La utilidad que provee el miedo al final de los tiempos políticos es el fundamento de instituciones tan centrales a la política como ciertas versiones del contrato social, la configuración de ejércitos, la organización de la guerra, la creación de enemigos imprescindibles para gobernar y una agenda que solo adquiere sentido por la persistencia de una crisis indomable y el advenimiento de tiempos peores que solo se pueden controlar con más poderes o un giro drástico del timón político. La agenda política siempre ha estado asociada a ciertas ideas sobre el fin de su mundo: el fin de las monarquías, el fin del Estado liberal, el fin de las democracias, el fin del capitalismo, el fin del comunismo, el fin de los derechos, el fin del Estado mismo, el fin de la política. La política no vive del juicio final único, sino de su capacidad de vender insuperables finales permanentes. Qué diferencia, podríamos exclamar, en los tiempos que corren la política nos vende finales a diestra y siniestra, hace algunas décadas nos ofrecía revoluciones, cambios, inicios.

Más allá de eventuales equivocaciones y algunas combinaciones religiosas, la ciencia advierte del fin del mundo sobre la base de los datos científicos racionalmente construidos. En ciertos aspectos es más fiable que la religión y la política. Aunque no debiéramos olvidar que su funcionamiento se basa en el principio de ensayo y error. Tampoco debiéramos dejar de mencionar que no pocos científicos han presagiado erróneamente –por ahora– el fin de la humanidad. La ciencia consiste en una autocorrección permanente. Pero el fin del mundo también la ha convertido en una *vedette*, que le ha garantizado más seguidores y recursos crecientes, sin importar si sus estudios se orientan a una posibilidad inminente como el cambio climático o a la extinción de la humanidad cuando el sol consuma toda su energía en varios miles de millones de años.

Ahora bien, no hay duda acerca de que el fin de los tiempos ha representado una gran noticia y oportunidad para el mercado. Los empresarios del juicio final son los más esperanzados en que aparezca pronto un nuevo anuncio de un final irrevocable. Y esos empresarios florecen en frentes muy diversos: las empresas de seguros; los fabricantes de refugios; los vendedores de kits de sobrevivencia; los creadores de contenidos sobre el fin del mundo; la venta de viajes espaciales; ciertos alimentos y bebidas; la industria de los cómics, el cine, la ciencia ficción, las guías de supervivencia; las casas de apuestas; la criopreservación –Walt Disney fue un pionero–, y muchos más. A quienes no ven el fin del mundo desde una perspectiva trágica también se les ofrece una experiencia única y final: una butaca en primera fila en ciertos lugares panorámicos, con una buena cena, un concierto de buena música y una excelente bebida. La industria del cine anticipa que el final será espectacular, como ocurre en muchas de las películas sobre el fin de los tiempos: *Terminator, Armagedón, El día después de mañana* o *Melancolía*.

Pero quizás el final sí está cerca

Es difícil discutir tantas posibles causas del fin del mundo y ese no es el objeto de este ensayo. Asumamos que el final del mundo se acerca y queremos evitarlo de alguna manera. Dejemos de lado los finales inmediatos y los remotos, pues creo que no podemos hacer nada por ellos en las circunstancias actuales: si se descubre un meteorito que nos impactará mañana lo mejor es retornar a las religiones o a las celebraciones del fin del mundo, según cada uno. Por el contrario, si nos enteramos de que el fin del universo se producirá dentro de otros trece mil millones de años seguramente todo interés en actuar con prontitud sea irrelevante. Demos por cierto que el final es un asunto de pocos años y que está verificado, aunque la película *No mires para arriba* (*Don't look up*), de Adam McKay (2021), ya sugiere pistas acerca de nuestras reacciones políticas y mediáticas, tan banales como desenfocadas. Y si damos de nuevo una mirada rápida a lo que ofrece el mercado, pues nos extinguiremos: casi todas las respuestas son elitistas, egoístas, violentas, comerciales, sin esperanza colectiva. No importa, sigamos adelante: se trata del final de la humanidad como la conocemos y nos queda algún tiempo. Ojalá el tiempo que nos queda no se asemeje al de los "minutos basura" en el basquetbol. Nos sirven los efectos del Antropoceno, asteroides que impactan en cuatro años, una pandemia en desarrollo.

El derecho para el fin del mundo

Terminemos este capítulo al plantear cuál puede ser el papel del derecho de cara al fin del tiempo para la humanidad. Dejemos a un lado usos predecibles como contribuir a organizar las filas para el exterminio o adelantar inconclusas investigaciones judiciales por las estafas a que dio lugar el comercio del fin del mundo.

Al consultar el papel asignado al derecho en la organización de la humanidad hasta el día de hoy, no hay muchas esperanzas a razón de que el uso que se le ha dado pareciera haber contribuido de manera importante a ese tal final de los tiempos, por lo menos a los impactos del Antropoceno; parte del cual también son las épocas más viles y repugnantes (guerras, esclavitud, holocaustos, capitalismo salvaje, totalitarismos, dictaduras, en fin) que han contado con la ayuda eficaz de ciertos contenidos del derecho. Quizá una interpretación del Foucault de *El pensamiento del afuera* sea esa: que el derecho siempre está ahí disponible para el que lo necesite, sin importar las finalidades. Nada augura que nos salve.

Podría ser que la clave se encuentre en el debate Kelsen-Schmitt acerca de los estados de excepción, esto es, aquellas situaciones límite, de emergencia, extremas. Ninguna como el fin del mundo, esa sería la más paradigmática de ellas. Mientras que Kelsen defiende el uso pleno del derecho como instrumento clave para superar las situaciones límite y nos da esperanza al confiar en que ellas son predecibles y se pueden afrontar por medio de poderes establecidos y limitados, Schmitt considera que el rasgo esencial de una situación de excepción es que es tan extraordinaria que no puede ser afrontada de ninguna manera por el derecho, sino por la política. El derecho no tiene lugar porque el mismo está formulado para las épocas de normalidad y no las de anormalidad. La excepción en su excepcionalidad solo puede ser tratada por el político bajo cuyas decisiones queda el derecho. Lo excepcional es impredecible y supera el derecho preestablecido. Lo absolutamente impredecible no tiene derecho que le aplique. Dejo sentado que la mayoría de los estados de excepción en Occidente mantienen más la orientación kelseniana que la schmittiana, aunque esta última no está del todo ausente. Con todo, los resultados habituales de los estados de excepción declarados nos advierten de los peligros de su uso: reacciones desviadas o desproporcionadas, poderes exorbitantes, extensiones excesivas y ausencia de controles; eso sin contar con que las motivaciones de los estados de excepción suelen carecer de fundamentos sólidos. Pero, además, es que, considerados en clave del tiempo, es difícil pensar en las contribuciones más positivas del derecho en un contexto límite, pues no tenemos idea de qué tan útil es un derecho sin tiempo, un derecho sin el horizonte de la perpetuidad, el cual fue acoplado en la larga duración para teleologías extensas y cuyas finalidades no siempre se lograron.

Probablemente el derecho llegue a ser solo un recuerdo de una época en la que algunas cosas tenían sentido (la perpetuidad o, por lo menos, algún horizonte temporal; la precaria factibilidad de conducir comportamientos; unos determinados procedimientos; ciertos valores), pero en contextos de crisis extrema no parece a primera vista un instrumento de mucha utilidad. Si entendemos el derecho como un sistema o un tipo de orden se hace evidente la clave para comprender su inviabilidad: el "sistema" y el "orden", es decir, justo lo que no habrá. Es difícil saber si en una situación real catastrófica el derecho tenga algún lugar, de todos modos, no hay que olvidar la advertencia de Schmitt: en tal caso, será la política (relaciones simples de poder, jerarquía, decisiones, violencia, exterminio, selectividad y mucho más) la que rija ese final, final como situación de excepción. Nada de pretensiones normativas y mucho menos pretensiones de corrección del derecho por la vía de alguna moral. En una situación límite tal vez nos haga falta el fundamento del derecho mismo, esto es, el sentido compartido acerca de un orden, pero es difícil, ¿sentido? ¿compartido?, ¿orden?

El asunto estriba en que el tiempo es un ordenador de nuestras vidas. Al hacerse patente la discontinuidad del tiempo como posibilidad muy cierta ese orden desaparece, la línea del tiempo no apunta a ninguna parte, pues el futuro es tan corto que el orden como predictibilidad al menos imaginada no tiene lugar, y ello probablemente altere los comportamientos habitualmente asociados a premios y castigos futuros. Al desaparecer el tiempo como horizonte se desalientan muchos de los comportamientos que implican algún vínculo social. Los deberes para con los demás, posiblemente como base de eso que llamamos sociedad, se precarizan.

En situaciones de crisis extrema el derecho no parece un buen recurso (textos dilatados, formas jurídicas inevitables, competencias indelegables, procedimientos extensos, plazos irreducibles, decisiones fundadas, equilibrios de derechos, controles recíprocos, su aplicación), pues se expresa en lentas palabras que configuran cadenas de párrafos y libros insoportablemente extensos para tomar una decisión. Concebir para la crisis un derecho sin tales atributos es abandonar la naturaleza del derecho conocido. Sin incentivos hacia el futuro por el eventual sacrificio de cada uno, será difícil bajo presión y con riesgos reales de pérdidas que la gente mantenga el compromiso necesario que exigiría el derecho para superar una situación límite. Lograr en tales condiciones un propósito común, la organización necesaria y la coordinación correspondiente, todo bajo la procedimentalización jurídica, no luce factible. Quizá Hermann Heller (1997, 270) tenía razón en cuanto a la necesaria interdependencia entre normalidad y normatividad. Sin ninguna normalidad es difícil que haya alguna normatividad.

Ahora bien, volvamos a Kelsen, quien apostó todo en favor del derecho como el principal instrumento para sortear las guerras internacionales. Particularmente paradigmática es su obra *La paz por medio del derecho*. No son la política, ni la moral, ni la religión, ni la ciencia los medios decisivos con los cuales cuenta la humanidad para enfrentar la amenaza atómica global. Para Kelsen es el derecho. También es verdad que al tomar en cuenta la ciencia y las predicciones sobre ciertos finales evitables de la humanidad podemos tener algunas orientaciones acerca de qué hacer en ellos. El cambio climático, la extinción de las especies, las pandemias, las guerras globales de exterminio y otras más quizá nos hayan dado algunas décadas para prepararnos. La llamada Cámara del Fin del Mundo en Noruega es un intento por preservar muchas cosas. En tales casos quizá debemos confiar en la política, la ciencia y ciertos valores positivos de nuestras culturas y religiones. No será nada fácil, pero a partir de ello posiblemente el derecho pueda coordinar y hacer obligatorias ciertas respuestas. Su eficacia, como siempre, estará en duda, pero como parte de la caja de herramientas para plantar cara a una situación límite el derecho no estará solo. Veremos si ese final tendrá una respuesta más shmittiana o más kelseniana.

Luigi Ferrajoli ya enunció en su libro *Una constitución por la tierra* algunas respuestas políticas y jurídicas para abordar las numerosas amenazas que afrontamos hoy y lograr al tiempo la garantía del universalismo de los derechos humanos y de los bienes vitales de la naturaleza. Su formulación mantiene el tono típico del neoconstitucionalismo globalizado: es la "única respuesta racional y realista que podemos dar", nos dice. La pretensión de corrección del derecho ahora adquiere el tono de única alternativa frente a la amenaza de extinción y es Ferrajoli quien la conoce.

Cuarto capítulo
Sobre la velocidad de los órdenes jurídicos

Volvamos a la normalidad en la que el derecho cuenta con algún tiempo para dar respuestas a ciertas situaciones. En este aparte abordo un asunto que no suele ser objeto de estudio respecto del derecho: la velocidad de los órdenes jurídicos. La velocidad es una magnitud aplicada al mundo de la física, al mundo natural; por tanto, no parece tener sentido para pensar los órdenes jurídicos que a mi entender no pertenecen al mundo de lo fáctico, sino del deber ser normativo. No obstante, a mi juicio, el concepto de la velocidad aplicado al mundo del derecho permite estudiar y conocer aspectos interesantes que nos dan una imagen más completa de este objeto de estudio. Como podremos observar, se trata de considerar dimensiones relativas al surgimiento, la existencia y la aplicación de los órdenes jurídicos.

La velocidad es una magnitud que permite medir el cambio de posición de un objeto en un espacio-tiempo determinado, al tomar en cuenta una dirección. Propongo aplicarla al estudio de los órdenes jurídicos a fin de conocer los tiempos que ellos tardan en lograr un determinado objetivo o a fin de, al relacionarlos con el contexto en el que operan, medir ciertas velocidades asociadas. No se trata solo de una consideración acerca de la estructura formal del derecho sino de algunos aspectos materiales relacionados con ella. Mi propuesta afirma que los órdenes jurídicos pueden ser también descritos en términos de las diversas velocidades con las cuales se los puede medir, cuantificar, estimar. Los órdenes jurídicos y sus fragmentos pueden ser tenidos como más rápidos o parsimoniosos y conviene saber por qué ello es así. Esta propuesta es descriptiva y no clasificatoria. Aunque las velocidades pueden ser de muchos tipos, aquí me ocupo de algunas que pueden ser objeto de estudio:

La velocidad de los procedimientos de producción jurídica

Aquí se considera el derecho como un procedimiento compuesto de uno o varios plazos encaminado a producir un resultado, por ejemplo, una decisión. La velocidad del procedimiento marcaría la rapidez con la cual se produce un resultado, y ella depende de la extensión global del procedimiento, de cuántos plazos incorpore, de cuál es la extensión de cada lapso, del número de partes que pueden interactuar en esos lapsos, entre otras cosas. Producir ciertos tipos de leyes, de sentencias, de actos administrativos y de negocios jurídicos es muy variable y depende de cuál es la sumatoria que se obtenga de la sucesión de plazos previstos en cada etapa del procedimiento respectivo. No se trata solo de procedimientos y decisiones judiciales. El Estado todo produce derecho y también las llamadas personas naturales y jurídicas. Toda esa producción normativa cuenta con procedimientos definidos y con plazos para producir ciertas decisiones.

En materia judicial, este tipo de velocidad es calculada cotidianamente por los sujetos procesales, que a través de la modelación formal pueden predecir cuánto tiempo tardará en promedio la decisión en ser proferida. Lo común es que tales plazos sean de horas, días (hábiles o no), meses, años; y los mismos pueden ser más o menos cortos, según lo establecido por la autoridad que crea la norma jurídica, esto es, el constituyente, un órgano internacional, el legislador, la autoridad administrativa, los particulares, el juez.

En el mundo del derecho procesal esta velocidad bien puede ser graficada por medio de las líneas de tiempo que permiten a primera vista observar y medir la rapidez y la continuidad. Algunos procedimientos pueden tardar algunas horas (*habeas corpus*), algunos días (acción de tutela), algunos meses (la mayoría de ellos). Desde luego que por diversas razones (el número de procesos que recibe cada despacho judicial, la impericia del juez o sus funcionarios, ciertas argucias de las partes, actores estratégicos que violan o desconocen sistemáticamente los derechos) estos procesos se ralentizan y a menudo tardan muchos años en ser decididos.

La velocidad global del procedimiento tiende a ser aumentada en nuestros tiempos de la aceleración con la reducción de la dimensión de los plazos, la eliminación de algunos de ellos, la renuncia voluntaria a los mismos, la reducción del número de intervinientes, la sentencia anticipada y, más recientemente, con el paso de los procesos escriturales a los procesos orales. También puede ser reducida esa velocidad, por ejemplo, si se quiere dar más garantías a un gobierno o a un juez para que tome sus decisiones, en cuyo caso se suelen aumentar sus plazos para intervenir o decidir.

Igualmente, se aceleran procesos –y se incrementan algunos peligros– cuando en los diseños de la ingeniería constitucional se hacen cálculos acerca de la distribución de funciones entre órganos de alto nivel "lentos" o "rápidos": las decisiones puestas en manos del Gobierno en lugar del Congreso permiten estimar la intención política de aceleración del orden jurídico o también de ralentización; hacia el lado del Congreso opera más un propósito de parsimonia.

En tanto más democrático y participativo sea un procedimiento judicial (acciones populares, acciones de clase, acciones de grupo), tenderá a ser más extenso; por el contrario, en cuanto sea más autoritario, individualista y personalista, tenderá a ser más corto (los ejemplos no son solo los "juicios sumarios" recurridos en las dictaduras, sino también los llamados procesos de jurisdicción voluntaria). También debe considerarse la distribución más o menos equitativa de los tiempos entre los intervinientes y los sujetos procesales. Por último, los órdenes de intervención podrían ser claves: una mayor intervención de las partes al inicio del proceso y una determinación exclusiva en las manos del juez hacia el final. Esos tiempos no serán los mismos. Una justicia pronta no necesariamente es una buena justicia, puede ser una justicia acelerada y desorientada que, como suele ocurrir hoy, carezca del reposo necesario para meditar cada conflicto. El modelo actual de producción judicial se asemeja más a una industria judicial en serie que con dificultad permite conocer los casos y reflexionar cuidadosamente en los fundamentos jurídicos y doctrinarios para resolverlos. Si se trata de resolver conflictos sociales, la administración de justicia podría contribuir por el contrario a extenderlos. Los jueces necesitan tiempo para ejercer su cargo, pero la tendencia es a que las nuevas celeridades de la administración de justicia sean resueltas en combinación con la inteligencia artificial. Ahora bien, Kahneman, Sibony y Sunstein (2021) encuentran que el uso de la inteligencia artificial quizá produzca buenos resultados en el campo de las decisiones judiciales, pero con un riesgo significativo. Las decisiones judiciales sobre casos similares o uniformes deberían obtener decisiones uniformes, pero ello a menudo no ocurre así. De acuerdo con Kahneman, las decisiones a menudo son divergentes, lo cual constituye "ruido". Eliminar el ruido de las decisiones judiciales no es tarea fácil.

Considerada en general la producción normativa, la velocidad jurídica permitiría medir cuán lento o rápido es un sistema jurídico para producir normas jurídicas. Con la aceleración de las relaciones sociales producto de la coordinación social orientada por relojes cada vez más precisos, la velocidad de producción normativa es progresivamente más acelerada. Desde luego que ello varía según las áreas del derecho, el desarrollo de los Estados y de los mercados, atendiendo también a ciertos aspectos tecnológicos, y de específicas decisiones políticas. Ahora bien, no parece sensato establecer una relación según la cual a mayor velocidad de producción normativa hay más o menos garantías respecto de los derechos. Un despacho judicial bien puede presentar informes de eficiencia que den a entender que su congestión es baja (aparentemente decide rápido y bien), pero esos informes en realidad pueden estar confeccionados para maquillar sus cifras reales o no tomar en cuenta prácticas perversas como inadmitir sistemáticamente las demandas que se le asignan (así logra que los abogados no insistan y decidan volver a presentar la demanda para que se le asigne a otro despacho judicial), con lo cual rebaja su propio trabajo e incrementa el trabajo de los juzgados pares.

De otro lado, una proyección interesante es la que invita a pensar si el aumento de esa velocidad un día conducirá a que muchas normas jurídicas se expidan en un tiempo cercano al cero. En el mundo comercial y en el de ciertas decisiones judiciales es factible lograrlo, especialmente si se combinan la reducción extrema de los términos jurídicos, la inteligencia artificial, los contratos estandarizados o de adhesión (que solo cabe firmar, sin discutir), las firmas electrónicas y los avatares. Daríamos con ello cumplimiento al sueño del más exigente eficientista: un derecho con decisiones instantáneas, con coste de tiempo cero. Y con sus riesgos, esos que exploran películas como *Brazil*, de Terry Guilliam, y *Robocop*, de Paul Verhoeven.

La velocidad que mide el surgimiento, la reforma y la derogatoria de segmentos jurídicos

Si bien esta magnitud toma en cuenta también aspectos procedimentales, en ella se pone el énfasis en los tiempos que exige un determinado segmento jurídico para emerger, ser reformado y ser derogado, algo sin duda menos predecible, menos formalizado. Se trata de asuntos más propios de la política y la sociología. Más que procedimientos relativamente estables, esta velocidad está referida a los procesos de nacimiento, perduración y muerte de los órdenes jurídicos y sus fragmentos. El tiempo que lleva expedir una nueva constitución, su tiempo de vigencia, el conjunto de reformas y su derogación son importantes para darnos una imagen de su perduración como referencia de estabilidades o inestabilidades políticas.

Esta velocidad no mide solo aspectos procedimentales, sino también políticos: las alteraciones políticas, los derrocamientos, las convocatorias de nuevos actores, las reglas de una asamblea constituyente, sus lapsos para debatir y decidir, la entrada en vigor programada, la derogatoria de la constitución previa, su vigencia prevista y la real, sus ritmos de reformas y su posterior derogatoria. Este esquema de análisis aplica, claro, a los tratados internacionales, a las leyes, los actos administrativos y otro tipo de normas. Por tanto, también podemos preguntarnos lo mismo de cara a un código laboral, un código penal, uno civil. Esta velocidad permite medir muchas cosas, entre ellas, las fuerzas políticas y su efectividad, los ritmos de estabilidad e inestabilidad, el uso de tiempos más extensos o cortos para negociar ciertos aspectos, las apuestas por asegurar ciertos cometidos al prohibir procesos de reforma, en fin. El tiempo jurídico de estas transiciones debe ser objeto de análisis central dado que se trata del objeto de una lucha. La lucha por el derecho, para usar la imagen acuñada por Ihering, es también la lucha por el tiempo.

Si se adopta, por ejemplo, el esquema de la lucha, bien podrían considerase prácticas más o menos típicas como las de reducir o eliminar el tiempo de los rivales políticos para actuar o intervenir, en tanto se aumentan los tiempos propios y de los aliados. Así mismo, podrían tomarse decisiones ultrarrápidas e inapelables (sin tiempos de reconsideración) que consolidaran una ventaja o dieran lugar a tiempos abiertos sin término para alguna actuación. Advertir que el rival político o jurídico está perdiendo el tiempo o que su palabra no vale porque fue pronunciada ya vencido el término es una manera de controlar el tiempo y sus efectos.

Al tomar como referente de análisis las constituciones, bien podría decirse que los estudios sobre constituciones políticas comparadas deberían completarse con líneas de tiempo que permitieran cotejar aspectos como los tiempos que tardaron en ser discutidas y expedidas, los diferentes tiempos de transición y adaptación, que suelen ser muy variados; la duración que globalmente tuvieron, la frecuencia de reformas y mutaciones constitucionales, los tiempos de sus procesos de derogatoria, su entrada en obsolescencia, en fin.

La velocidad de la eficacia jurídica

Permite estimar el tiempo en que una norma jurídica o un segmento normativo logra los propósitos trazados a través de ella por sus emisores. Esta medición asume que con el orden jurídico se busca cumplir unos cometidos en unos lapsos temporales más o menos definidos en períodos de días, meses, años. También las normas jurídicas -bueno, sus aplicadores- pueden fracasar rotundamente en obtener los resultados queridos, lo cual es bastante frecuente. Aquí se mide la distancia entre el derecho y la realidad, esto es, el tránsito del dicho al hecho, pero con especial énfasis en el tiempo que implica la materialización. Por supuesto que la eficacia jurídica se refiere a cosas muy diversas: puede ser una eficacia referida a la expedición de una norma jurídica de inferior jerarquía o referirse a la materialización de los derechos de titulares identificados a través de una política pública.

La estimación de la velocidad de la eficacia jurídica permite tener indicios sobre los propósitos delineados por un orden jurídico respecto de los cuales existe mayor o menor disposición a lograrlos, cuáles resultan desplazados u obstaculizados, cuáles son afectados por la eficacia simbólica del derecho

(García, 2014), cuáles carecen de plazos de cumplimiento y por qué ello es así. La velocidad de la eficacia jurídica se puede encontrar asociada a factores muy diversos: una delineación formal precaria, una indisposición gubernamental a cumplir, una falta de grupos de presión, redes burocráticas incumplidoras, una sociedad civil desinteresada en sus resultados, entre muchos más. Su medición puede mostrar una coincidencia con asimetrías de poder, inaccesibilidad a los recursos institucionales, normas jurídicas ineficaces o "de papel", incluidas las sentencias de las altas cortes. También esta velocidad puede ser estimada de manera comparada, o sea, entre códigos de diferentes ramas del derecho: civil, comercial, administrativo. La estimación puede ayudar a comprender con cierta claridad qué expectativas jurídicas fueron literalmente desechadas y cuáles gozaron de cierta inmediatez en su materialización.

Estimado de manera global, bien podríamos notar que en los órdenes occidentales los grandes propietarios logran materializar sus derechos más rápidamente que los no propietarios. En el paso del dicho al hecho, pareciera que el sistema crea condiciones que les favorecen. Esto aplica para el resto de las desigualdades: de origen nacional, económico, sexual, racial, etc. El tiempo juega en favor de unos y en contra de otros.

Si de nuevo tomamos como referente la Constitución de Colombia de 1991, parece claro que pasados treinta y tres años ciertas normas jurídicas fueron muy poco eficaces. Pensemos en la democratización de la tierra, especialmente la rural, que fue objeto de un grave incumplimiento. El Acuerdo de Paz entre el Gobierno y las FARC reintentó desde 2016 materializar este cometido constitucional con poco éxito. La velocidad de la eficacia es poco menos que nula, hay numerosos ejemplos: los famosos estados inconstitucionales de cosas son paradigmáticos al respecto, pues se expiden a través de sentencias del máximo nivel, pero su potencialidad para cambiar lo real es baja. No estamos frente al fin de la humanidad, pero valdría la pena pensar esta situación en Colombia como la de una crisis extrema, así cabe indagarnos si en tales circunstancias el derecho es el camino para lograr estos propósitos.

La velocidad de interpretación jurídica

Para esta magnitud se asume que existe un orden jurídico positivo expedido por diversas autoridades y órganos y se pregunta por el tiempo que se tarda la interpretación de sus textos. Por supuesto que esa interpretación es casi infinita, pues los órdenes jurídicos contemporáneos se componen de millones de normas jurídicas y todas ellas son susceptibles de interpretaciones divergentes. Lo que signifique aquí interpretación no es un asunto que se deba resolver ahora: si es literal, sistemática, teleológica o historicista no es relevante en lo inmediato. Aunque debe notarse que estos modelos interpretativos suelen exigir más o menos tiempo al ser puestos en práctica: poco tiempo exigirá el literalismo si se lo compara con los estudios históricos, que implican reconstruir un pasado más o menos lejano.

La estimación de esta velocidad es importante porque puede ayudar a comprender los cambios más o menos lentos de las culturas jurídicas de cara a la estabilidad relativa que le es propia al derecho. La velocidad de interpretación es especialmente importante al expedir un nuevo marco jurídico, constitucional, por ejemplo, que supone un desafío para esa sociedad jurídica que probablemente se verá abocada a modificar sus viejas maneras de entender el mundo jurídico. Aquí se tornan importantes las universidades, las altas autoridades del Estado, los influjos de otras culturas jurídicas, los movimientos sociales y los grupos de presión. La interpretación jurídica siempre está en competencia: puede ser más o menos retardataria o progresista, y ello condiciona los tiempos de cambio y de reacción.

Así mismo, es relevante el tiempo que conlleva a los órganos del Estado incorporar las ideas más novedosas de los autores más influyentes en sus correspondientes normas jurídicas: ¿qué autores y con cuáles contenidos son citados por las altas cortes?, ¿cuánto demoran los jueces de menor jerarquía en incorporar las decisiones de las altas cortes en sus propias sentencias?, ¿cuánto tiempo se tarda la sociedad en adquirir el nuevo lenguaje jurídico? No es absurdo considerar que las ideas o los modelos de análisis y decisión de ciertos autores aplicados a las decisiones jurídicas pueden acelerarlas o retardarlas, pues pueden dar lugar a tipos de análisis más costosos en términos de tiempo o de capacidades individuales de la burocracia decisora. Los creadores de un orden jurídico necesitado de aceleración pueden adoptar a ciertos autores y rechazar a otros. Preguntas equivalentes se pueden formular si en lugar de autores nos preguntamos por el influjo de un dictador. Son muchos factores que aquí apenas esbozo: si la cultura de origen del cambio jurídico se encuentra en otra lengua, ¿cómo incide ello en la reinterpretación del derecho?

Probablemente también influyen ciertos rasgos de la cultura jurídica, por ejemplo, si tiende más a un entendimiento iusnatural, iuspositivo o realista del derecho. También son importantes las modificaciones introducidas y las mutaciones como efecto, por ejemplo, del pensamiento feminista. Es significativo si la interpretación es o no es contraliteral, como bien nos mostraba Duncan Kennedy. El juez activista no es lo mismo que el juez que actúa como un disciplinado aplicador: si, como ocurre en Colombia, el juez no dispone de tiempo para pensar o crear el derecho, se torna más rápido, pero, quizá, más superficial. La densidad interpretativa es clave, esto es, el número de normas involucradas, su complejidad, su jerarquía, los grupos de interés afectados por las interpretaciones rivales. Por último, es relevante considerar los costos de tiempo interpretativos en las coyunturas en las cuales emerge un cambio de paradigma. Si el feminismo logra paulatinamente introducir en el derecho su enfoque en detrimento de la construcción androcéntrica del derecho, ese cambio reclama tiempo.

La velocidad de incorporación de reclamos por inclusividad

Desde luego que la inclusión de cualquier tema en el derecho puede ser considerada en términos de tiempo de acuerdo con lo planteado en este capítulo, pero aquí el término "inclusión" se utiliza en el sentido asentado de los reclamos formulados por grupos minoritarios, marginales, excluidos, con el propósito de ser reconocidos y tratados de una determinada manera por el derecho. El término se refiere a la inclusividad de un orden jurídico, y para estas consideraciones acerca del tiempo, nos habla del tiempo que cada ordenamiento jurídico tarda en incorporar esos reclamos y en convertirlos en derecho positivo de respuesta protectora.

El tiempo de incorporación puede referirse a la mera incorporación normativa, es decir, la simple expedición normativa, ya sea una norma constitucional, una sentencia de una de las altas cortes o un decreto. Pero todos sabemos que ello es insuficiente si se trata de lograr inclusión material. No solo es un asunto formal, aunque ya ello puede significar un gran avance. El estudio del tiempo también debería considerar aspectos muy diferentes encauzados a la materialización de los derechos, por ejemplo, la creación de competencias específicas encaminadas a garantizarlos, el nombramiento de agentes burocráticos que pongan en marcha las normas, y el diseño, la ejecución y la evaluación de las políticas públicas respectivas. Debemos admitir que todo ello es mucho más complejo que lo enunciado aquí, pero quizás estas cortas ideas sugieran la ruta de análisis. La complejidad referida se hace evidente al dar una mirada a los reclamos históricos de grupos que han luchado largamente por su reconocimiento e incorporación en el derecho: los trabajadores, por sus derechos laborales; las minorías étnicas, al construir y exigir sus derechos diferenciados; las feministas, por articular sus reclamos en campos tan diferentes como promisorios. Tales luchas han tomado siglos y el balance es variopinto.

En cuanto el derecho suele ser un instrumento de regulación social relativamente estable en el tiempo, tiende a ser conservador, esto es, a mantener en firme relaciones más o menos consolidadas. En estudios del comportamiento a veces se lo entiende como un sesgo por *status quo*, es decir, la preferencia por rechazar las modificaciones. Pero el desarrollo teórico y práctico de las identidades –de género o no– ha dado lugar no solo a identidades fluidas e inclasificables, sino a luchas contra las asignaciones jurídicas más o menos fijas. Estas luchas y sus logros exigen del derecho otras temporalidades. Si uno de los rasgos esenciales de los órdenes jurídicos es el de la estabilidad, bien podríamos entender que esa estabilidad asume una cierta seguridad de la "normalidad" del orden social regulado, para lo que interesa aquí algo así como una regularidad de los comportamientos y en las formas de ser, incluso, de las identidades. Algunas de las nuevas identidades no se comprenden bien desde la perspectiva de lo habitual, desde la perspectiva de lo idéntico, por el contrario, buscan escapar de la localización en coordenadas espaciotemporales. Perder la identidad es su esencia. El instante y no el hábito rige su especificidad. ¿Cómo debería ser modificado un orden jurídico cuya regulación –respecto de las identidades– se centra cada vez menos en la identidad y más en el instante? Si el derecho operaba con una relativa duración, ¿cómo pensar algunas de las nuevas identidades en su discontinuidad?

También deberíamos pensar en la emancipación del derecho. Si, como suelen declarar los libros que se ocupan de la teoría del derecho –particularmente, los de introducción al derecho– en sus primeras páginas, nos encontramos inmersos en el derecho, esto es, nuestras vidas transcurren atrapadas en redes jurídicas espesas, sería interesante pensar no en ser incluidos sino en ser excluidos del derecho. Ciertas exclusiones parecen atractivas: que el derecho no se ocupe de nosotros en ciertos ámbitos puede ser una utopía valiosa. Desde luego, no es esta una sugerencia en la línea de Robert Nozick. Perder la identidad en lugar de adquirirla puede llegar a ser emancipador. La sujeción jurídica más exasperante puede ser la identidad, incluida la simple ciudadanía o la nacionalidad. Un número de identificación, un único nombre y quedamos atrapados en ese constructo jurídico. Nuestra vida consistirá en ser idénticos a nosotros mismos. Bachelard dirá: "Nos reconocemos en nuestro carácter porque nos imitamos a nosotros mismos y porque nuestra personalidad es así el hábito de nuestro propio nombre" (2002, 74).

Acaso nuestra mayor prisión es nuestra identidad asignada, un eterno parecido a nosotros mismos, es decir, una eterna similitud a una impronta jurídica. Como acontece con el tiempo convenido, nuestra identidad es un artificio que olvidamos. Pero dado que es construida nuestra tarea de por vida es dar cuenta de ella, no olvidarla, recordarla con cierta frecuencia. Debemos aprender quiénes somos, debemos memorizarlo porque en nuestro orden social nos piden cuentas de ello muy a menudo. Somos archivistas de nuestra propia cronología previamente pergeñada jurídicamente. La paradoja interesante puede ser formulada así: en algunos casos, quizá la inclusividad podamos lograrla por la vía de ser excluidos del derecho.

La velocidad de formación de sujetos jurídicos

La creación de sujeciones jurídicas lleva tiempo, no se da de manera inmediata con las normas jurídicas al ser expedidas. El derecho no germina de una sociedad cuyos sujetos jurídicos ya se encuentran formados, por el contrario, la sujeción jurídica a menudo requiere de procesos extensos de formación de los destinatarios de las normas jurídicas. Las normas jurídicas no emergen en contextos en los cuales la sujeción jurídica las precede, sino que el derecho válido se hace eficaz por diversas razones y entre ellas se encuentra la formación de una sujeción jurídica diversa y dispersa que conduce a la aceptación del derecho en general y favorece vivir en él. Al hablar aquí de sujeción jurídica pienso en la conformación del sujeto moderno y contemporáneo de las sociedades occidentales. En cuanto se trata de sujeciones jurídicas se puede aplicar el concepto kelseniano de centros de imputación jurídica, es decir, el conjunto de normas de derecho que crea y regula esas sujeciones.

Una sociedad jurídicamente organizada es una sociedad temporalmente organizada, una sociedad cuya sujeción fundamental es la de vivir vidas temporizadas. Nuestra adaptación al tiempo jurídico implica ser conscientes del tiempo en un sentido muy moderno: el de la perentoriedad. El sentido compartido acerca del tiempo es parte esencial de nuestras sujeciones jurídicas. Somos sujetos jurídicos porque en el proceso de formación de la modernidad nos hemos constituido en mente y cuerpo con el reloj y el calendario como conectores esenciales de nuestras relaciones. ¿Cuáles son los horizontes temporales de nuestras instituciones sociales juridificadas y de las grandes oleadas jurídicas que nos componen?

Ahora bien, la sociedad y los individuos también son el resultado de relaciones de poder que los configuran y que ellos ejercen; en este sentido, Michel Foucault descubrió la biopolítica y las disciplinas como formas de poder constitutivas del orden social y de las sujeciones. La biopolítica entendida como el poder que ejerce control sobre contingentes humanos como seres vivos y sus respectivas muertes; y las disciplinas comprendidas como una forma de poder que funciona extrayendo fuerzas de los cuerpos para controlarlos. Las sujeciones jurídicas temporizadas son también el resultado de relaciones y poderes disciplinarios y biopolíticos en el sentido en que lo demostró Foucault. Somos sujetos jurídicos porque estamos hechos de tiempo; el tiempo del derecho nos coacciona y con él nos coaccionamos a nosotros mismos y a los otros. La disciplina como forma de poder que configura sujeciones materiales se articula bien con los tiempos trizados del derecho: una sociedad disciplinaria es una sociedad intensamente temporizada.

Los sujetos jurídicos son numerosos: el ciudadano, el habitante, el nacional, el menor de edad, el hombre, la mujer, el disidente sexual o político, el inversionista extranjero, el empresario, el estudiante, el sujeto activo del impuesto, el congresista y cientos más. Las dimensiones de eficacia y justicia del derecho dependen en parte de ese proceso de formación de subjetividades normativas, y ese proceso lleva tiempo. Si los sujetos no preexisten ni nacen instantáneamente con el nuevo orden jurídico su configuración puede ser un asunto de meses, años o décadas. De hecho, el proceso puede fracasar. En *La cuestión judía* Marx advertía que los sujetos del derecho liberal bien podrían ser libres dentro del derecho, pero que eran esclavos por fuera de él, es decir, que la liberación de la subjetividad normativa (una persona llena de derechos formales) no coincidía con la liberación de las personas materiales reales (en la realidad no nos cumplen esos derechos). De esta forma, a su juicio, la no liberación de las personas reales dependía de la aparente liberación de sus avatares normativos, en otras palabras, de los sujetos jurídicos. En últimas: no luchamos por la garantía real de nuestros derechos porque el orden jurídico nos confunde al verificar que allí sí están esos derechos garantizados.

La advertencia de Marx ayuda a comprender la distancia -pero también cierta interdependencia- entre el derecho y la realidad. Las sujeciones jurídicas sean o no emancipadoras necesitan de tiempo, un tiempo variable por razones múltiples: formar en los destinatarios del orden jurídico el sujeto "prisionero" es diferente a formar el sujeto "conductor de autobús"; formar el sujeto "elle" no es lo mismo que formar la sujeta "mujer"; formar el sujeto "estudiante" no es igual a formar el sujeto "propietario". Las variaciones en el tiempo derivan de la capacidad de integración social, de la legitimidad del orden jurídico, de ciertas condiciones estructurales, de los procesos educativos, de la configuración de las familias, en fin. Esta formación de sujeciones jurídicas no discute que el origen de esos sujetos tenga carácter social, político, religioso o que emerjan de movimientos sociales.

Crear el sujeto jurídico esclavo no solo supuso el acto material de esclavizar y el acto jurídico de crear un derecho de la esclavitud. Requirió además de la creación del esclavo, esto es, de introyectar en ese ser humano la idea de que él era un esclavo y no otra cosa; la idea de que había un amo y todo un sistema de compra de personas y servilismo. La idea de que la libertad no le pertenecía. La sujeción jurídica no es solo el marco jurídico de una persona, sino el sentido compartido acerca del orden que te designa como esclavo y el orden que confirma y naturaliza todo eso como parte del mundo. No hay ninguna sujeción natural, todas son construidas socialmente, en procesos más o menos extensos, y el derecho no puede funcionar sin ellas.

El prisionero no es solo quien está en prisión, ni solo su formulación jurídica; es distinto, el prisionero es todo un orden, del cual forman parte el derecho y la persona sometida al encierro. Las prisiones no son los lugares de encierro, sino todo un orden social que considera que parte del orden es el encierro. Formar todo ese sentido lleva tiempo y no se resuelve con expedir un código penal. Es imprescindible "penalizar" la sociedad o, de otro modo, extender la prisión por todo el cuerpo social.

Las sujeciones jurídicas son eso: sujeciones. Conviene pensar en clave de emancipación de ellas, esto es, conviene pensar en el tipo de libertades que podríamos construir a partir de cuestionar y no aceptar esas sujeciones concretas. A veces, con el fin de escapar de ciertas angustias y persecuciones encontramos que la sujeción -una determinada sujeción- puede liberarnos, pero rara vez ello ocurre, o acontece a un precio muy alto. El extranjero repudiado que busca su integración por la vía de adquirir la nacionalidad es un buen ejemplo. La nacionalidad es una sujeción que tiene su precio. En un campo muy diferente Foucault se pregunta ¿por qué debo tener una sexualidad verdadera?, con lo cual cuestionaba de manera temprana la práctica social extendida de asignar un determinado género a las personas al nacer. Cabe preguntarse: ¿conviene escapar de las sujeciones jurídicas?, y claro, en el interés de este libro, ¿cuánto tardamos en las luchas para lograr esa emancipación?

No continuaré la lista de las velocidades de los órdenes jurídicos, pero hay unas bastante promisorias para aportarnos datos con miras a caracterizarlas mejor: es valioso afrontar los estudios de velocidades comparadas de segmentos jurídicos nacionales (comparar Estados), de órdenes en tiempos y lugares diferentes (comparar la Colombia de hoy con la Colombia sometida a cualquiera de sus tres dictaduras, es decir, la de Mosquera, la de Reyes y la de Rojas Pinilla); comparar la velocidad de coordinación entre el orden nacional y el orden internacional en diferentes Estados, gobiernos o períodos (el tiempo que tarda un tratado internacional en ser aprobado, puesto en marcha y evaluados sus resultados); plantearse el desafío en términos de tiempo -¿insalvable ya?- que supone la inteligencia artificial para la regulación jurídica, esto es, si suponemos que el derecho puede controlar "eso" y someterlo a su lógica (acaba de proponerse suspender el desarrollo de la inteligencia artificial por la imposibilidad "transitoria" de controlarla); analizar la pesadez en términos de tiempo que trae consigo un orden jurídico demasiado extenso, con una marcada inflación normativa, con normas jurídicas de un mismo tema producidas en épocas muy distintas, a menudo desconocidas, contradictorias y confusas; por último, llevar a cabo estudios acerca de la frecuencia y los ritmos de reforma de ciertos segmentos jurídicos, por ejemplo, qué explica la reforma constante de la Constitución de Colombia y el estatuto tributario en contraste con la estabilidad del Código Civil y el Código Comercial.

El derecho tiene su musicalidad, pues las diferentes áreas del derecho son rítmicas y se mueven en fluctuaciones diversas. Comprender mejor esa diversidad rítmica debe mejorar nuestra comprensión sobre el derecho. Tal como la puede mejorar en materia de sociología de la vida cotidiana la publicación *El proyecto ritmanalítico*, de Henri Lefebvre y Catherine Régulier (2020), lo que ellos denominan el estudio ritmológico de la vida social, que se ocupa de "las relaciones entre la vida cotidiana y los ritmos, es decir, las modalidades concretas del tiempo social".

El estudio de los ritmos en el derecho nos debe permitir cuestionarnos por la conveniencia de adoptar fórmulas aceleradoras de los procedimientos jurídicos. Los sociólogos han cuestionado ferozmente los efectos a que han dado lugar las tecnologías de la aceleración, particularmente en los medios de transporte. La aceleración ha contraído el espacio y el tiempo en la experiencia cotidiana de las personas. El espacio ha sido suprimido y el tiempo también. En la película de Dan Kwan y Daniel Scheinert *Todo en todas partes al mismo tiempo*, se expone parte de lo que ello implica. Somos víctimas de los "cronófagos", según el término de Jean Robert (2021). Robert utiliza este término ampliamente difundido para referirse a los medios de transporte acelerado que devoran nuestro tiempo y nuestro espacio. En los viajes de turismo, por ejemplo, se trata de perderse los espacios intermedios o de transición de un centro de turismo a otro. Se convierten en no lugares, así que la prisa por alcanzar el próximo centro de interés turístico da lugar a que la estructura del espacio se redefina hasta perder consistencia. En nuestro campo de interés, podríamos afirmar que acelerar los procedimientos jurídicos supone trastornar la experiencia jurídica.

Ahora bien, ahorrar tiempo en derecho no es solo reducir plazos, como podría pensarse. El tiempo de la aceleración condujo a ciertos automatismos jurídicos: el derecho de hoy es un derecho de la imitación, a través de las minutas (no solo de contratos, sino también de leyes, de decretos, de sentencias) o del "copie y pegue" que cada funcionario o abogado guarda en su computador y que se ofrece a un clic; también de los contratos de adhesión o de condiciones uniformes. Un derecho de la "mímesis" –que funciona a partir del copiado– simplifica y reduce el tiempo al aumentar la celeridad, pero soslaya el hecho de pensar por sí mismos y favorece la pérdida de identidades individuales y colectivas. La posibilidad de hacer de nuestras vidas unas obras de arte se hará más difícil si la aceleración conduce a que nuestras relaciones se basen en la imitación y la repetición.

Si las aulas fueran espejos de las sociedades, nuestros estudiantes deberían ser instados a copiar todo lo que aspiran a saber. El estudiante debería ser entrenado para ser un copista profesional y no el autor de su propia vida y un agente de sus relaciones. En un orden de la imitación –jurídica– es curioso que las universidades hagan un llamado a pensar por sí mismos al tiempo que fomentan toda clase de procesos de estandarización. Podríamos encontrar una cierta proximidad entre esta sociedad de la imitación y aquellas que Attali (2016, 269) denomina "sociedades sin sorpresa", al referirse a las sociedades totalitarias, particularmente la sociedad alemana del nazismo vista a través de la lente de Günter Grass y su novela *El tambor de hojalata*, que relata la historia de Oskar Matzerath, el niño que decide dejar de crecer y se dedica a criticar los horrores de su propia sociedad. Oskar nos facilita entender cuál debería ser la misión de las universidades.

Así entonces surgen preguntas de interés: ¿cuál es la velocidad de un orden o segmento jurídico?, ¿qué factores ralentizan o aceleran la velocidad de un orden o un segmento jurídico?, ¿cuál es la velocidad de las diferentes ramas del derecho? y ¿cómo puede esa velocidad variar en distintos territorios?, ¿cuáles son las víctimas "atropelladas" por un sistema jurídico cada vez más rápido?, ¿son convenientes los órdenes jurídicos más rápidos? ¿quiénes son los ganadores y los perdedores de la aceleración jurídica?, ¿cuál es el tiempo del derecho que se correspondería con el "reloj del fin del mundo"?, en una verdadera situación de emergencia extrema, ¿el derecho debe ser eliminado y debemos confiar en la política de la inmediatez?, ¿debe la inteligencia artificial tomar las decisiones?

Quinto capítulo
Hacia un discurso de cronojusticia y cronoderechos

Nuestras sociedades son profundamente injustas en materia de tiempo. Esta injusticia se refiere a tres aspectos centrales: no somos libres de usar nuestro tiempo natural, no contamos con igualdad de tiempo entre los integrantes del orden social, y poco se estimula el despliegue de conductas respecto del tiempo solidarias con los demás y con fines socialmente valiosos. Propongo denominar "cronojusticia" a las consideraciones que se deben desarrollar acerca de la relación entre justicia y tiempo. Así mismo, a mi criterio, deberíamos luchar por que el orden jurídico dé cuenta del problema del derecho al tiempo y por crear contenidos y, en concreto, competencias estatales encaminadas a garantizar esos derechos y a lograr una mejor cronojusticia. En línea con la importancia que pueden llegar a tener los deberes, es clave también abordar el problema de los deberes con respecto al tiempo de los demás. Este capítulo propone algunas reflexiones germinales sobre el tema.

La mayoría de las teorías de la justicia no suelen considerar el tiempo como objeto de análisis específico, por ello, convendría que sus defensores las revisen. La cronoinjusticia bien puede ser pensada en el marco de las diferentes y muy variadas teorías de la justicia ya consolidadas: la teoría de la justicia derivada del iusnaturalismo, del liberalismo, del marxismo, del feminismo, etc. De hecho, el feminismo ya tiene desarrollos valiosos.

Bien podríamos decir, por ejemplo, que cierto iusnaturalismo permitiría afirmar que está naturalmente prohibida la pena de muerte –la extinción del tiempo de vida por vía de sanción–, dado que el tiempo de vida con el cual contamos es de origen natural o divino y no debiera ser interrumpido por voluntad humana. También podríamos decir que el liberalismo debiera maximizar el tiempo de libertad al punto que se debe entender como irracional toda pena que implique cualquier tipo de encierro. La prisión debería ser considerada inconstitucional y ser abolida en cuanto elimina el derecho al tiempo como libertad. El marxismo debería abogar por una igualdad en materia de tiempo de tal suerte que teorice a la par sobre la injusticia que hay en comprar fuerza de trabajo, en comprar disponibilidad de tiempo, cuando ese tiempo personal se destine solo a enriquecer a otros y no a mejorar la sociedad. La ruta de esa reflexión ya está claramente marcada por la idea de tiempo de trabajo socialmente necesario para definir el valor de la mercancía. Por su parte, el feminismo ya ha puntualizado con claridad algunos aspectos de la cronoinjusticia entre los géneros.

Sobre la cronoinjusticia

En la experiencia cotidiana a escala humana el tiempo es un recurso objetivo del que disponemos en condiciones de igualdad: todos tenemos las mismas veinticuatro horas al día, los mismos siete días a la semana para llevar a cabo nuestras actividades. La manera como distribuimos nuestras actividades en ese tiempo igual para todos ha sido relevante especialmente para el capitalismo y su modelo de producción industrial. El modelo liberal capitalista redefinió el tiempo como un recurso similar -para muchos, equivalente- al dinero que se distribuye para obtener los mejores resultados en su inversión. El tiempo se "presupuesta", se "acumula", se "ahorra", se "invierte", se "gana", se "pierde"; sin embargo, *el tiempo es el mismo*, solo transcurre. Así las cosas, el manejo minucioso del tiempo ha sido un asunto crítico bajo el modelo que combina la libertad de disponer del tiempo, por ejemplo, de la propia fuerza de trabajo, y la posibilidad de comprarlo y venderlo. Pero el modelo que presenta la relación entre tiempo disponible objetivo y la libertad de usarlo de una determinada manera es un esquema parcial para dar cuenta de los problemas de injusticia acerca del tiempo. Voy directamente a ocuparme de algunos ejemplos útiles para comprender ciertas injusticias que aquejan nuestras vidas cotidianas en términos de tiempo y las maneras como el derecho ha sido utilizado como instrumento para respaldarlas, incentivarlas, ordenarlas y hacerlas obligatorias.

Las asimetrías de la subordinación laboral

El derecho del trabajo se basa en la subordinación laboral y en la prestación personal de la actividad. Todos sabemos que es una relación profundamente asimétrica en términos de poder, esto es, es uno de los casos en los cuales alguien manda y alguien obedece de manera constante. Esta relación se encuentra mediada por el dinero, de tal manera que la relación laboral se estructura sobre la base de una compra de la fuerza de trabajo personal y, para lo que nos interesa en este libro, de la compra de tiempo de una persona a otra. En las relaciones laborales la asimetría básica consiste en que el trabajador no dispone de su propio tiempo a su antojo, sino que se lo vende a otra persona, natural o jurídica, y esa persona dispone de ese tiempo que antes era ajeno y ahora, por vía del derecho, le pertenece. La relación laboral permite disponer de tiempos ajenos a cambio de dinero. Las sociedades capitalistas se caracterizan por hacer equivaler el tiempo al dinero y configurar un orden en el cual esta equiparación está extendida y es bastante legítima. Estas relaciones suelen involucrar miles de personas que se ven obligadas a privarse de su propio tiempo *natural* para entregarlo a otras bajo las estructuras empresariales. Así, es bastante frecuente que un solo empleador o unos pocos socios empresariales tengan a su disponibilidad los tiempos de miles de personas. Al tomar en cuenta la economía sectorial y también las estructuras oligopólicas, unos pocos propietarios tienen en sus manos el manejo del tiempo de millones de personas.

En el modelo liberal contemporáneo la parte poderosa de la relación define todo lo relevante con respecto al tiempo ajeno adquirido: define el propósito de la empresa, define las actividades a desarrollar, las horas dedicadas a ellas, el tiempo de los descansos, los períodos de vacaciones, las horas de trabajo extra, las compensaciones, entre otras. La relación laboral es aquella en la cual nuestro tiempo queda subordinado a los propósitos de otros a cambio de dinero. Estar sometidos a los mandatos de otros es no disponer de tiempo propio, en último término, significa ser pobre en materia de tiempo, dado que mi disponibilidad natural de tiempo resulta reducida drásticamente. Una persona rica y poderosa en materia de tiempo es una persona que logra acumular tiempos ajenos para sacar adelante sus propios intereses dejando de lado la destinación personal del tiempo de los trabajadores. Esta situación es especialmente deleznable si los fines empresariales se centran en la utilidad estrictamente individual del empresario y no atiende los eventuales propósitos cooperativos de tiempos diversos.

En el modelo de producción contemporáneo millones de personas bastante mal pagadas se ven obligadas a deshacerse de su tiempo en favor de personas poderosas que definen el destino de ese tiempo en actividades que apenas si mejoran la vida de los privados de tiempo, de los trabajadores. Los resultados del capitalismo son conocidos y teorizados en términos de la fuerza de trabajo y la plusvalía, según lo estudiaron Marx y Engels. Basta con recordar que las economías liberales difícilmente producen éxito y bienestar general y que, por el contrario, suelen dar lugar a grupos humanos inmensos en condiciones de precariedad material extrema y a una concentración fuerte de la riqueza. Esto significa que el sistema funciona sobre la base de un monopolio de determinación acerca del tiempo de millones de personas. Considerado el asunto en un sentido muy básico, las personas poseen *naturalmente* el mismo tiempo (veinticuatro horas al día, siete días a la semana), pero la relación laboral se los expropia.

Ahora bien, como bien advirtió Gurvitch, las vidas cotidianas de las personas transcurren en distintos campos en los que juegan roles diferenciados: el tiempo de la familia, el tiempo de la diversión, el tiempo dedicado a cultos religiosos, el tiempo destinado a asuntos públicos, el tiempo de la salud, el tiempo de la creación, entre otros. Cada una de esas actividades y roles requieren de tiempo. El asunto es que el sistema de acumulación de tiempo laboral suele funcionar como el ordenador de la mayoría de esos otros tiempos. Se trata de tiempos dependientes. Obligados por la ausencia de dinero a entregar el tiempo al trabajo es muy difícil que se pueda destinar un tiempo satisfactorio a las otras actividades. Aunque el tiempo no debe ser equiparado al dinero, en una economía capitalista con los pagos precarios que suelen recibirse a cambio del tiempo, los millones de personas que lo venden apenas pueden destinar tiempo a sus demás roles, o el desempeño de esas otras actividades con dificultad produce alguna satisfacción.

Si, además, consideramos que el presupuesto de tiempo de cada persona para sacar adelante sus preferencias es el mismo para todas, las relaciones laborales configuran un sistema que permite transferir los problemas de tiempo de una sola persona a otros miles de ellas. Es decir, la escasez de tiempo de una persona –si se considera el tiempo adicional que exige su propósito empresarial– se resuelve si el derecho laboral incentiva y permite adquirir tiempos ajenos, de tal suerte que los propósitos múltiples individuales se desechan y se redefinen en función de las preferencias de quien tiene con que pagar tiempos ajenos. Los demás propósitos individuales son desplazados a tiempos propios excedentes o de menor calidad (en horarios extremos, cuando estamos cansados, enfermos, etc.). La relación laboral legaliza multiplicar el tiempo disponible de alguien y desapropiar los tiempos ajenos para actividades que usualmente solo interesan al empleador o empresario. El derecho laboral es el derecho que facilita monopolizar tiempos ajenos al restarle importancia al sentido individual que podrían asignarles los enajenados de tiempo. El derecho laboral difunde una enorme pobreza de tiempo al vaciarlo de sentido propio asignándole un sentido ajeno.

Como en la película *In Time*, dirigida por Andrew Niccol, la sociedad se encuentra ordenada en términos de ricos y pobres en materia de tiempo. Para poder sobrevivir los pobres compran tiempo de vida a los ricos. En ese orden distópico, la pobreza de tiempo puede conducir a la muerte en cuanto se te agote el tiempo de vida comprado. Los pobres compran su tiempo angustiosamente y por un precio alto; y lo venden en relaciones laborales a precios muy bajos. En nuestras sociedades no solo vendemos nuestro tiempo para que otro haga con él lo que quiera, sino que, además, a menudo acumulamos deudas de tiempo al ingresar en la paradoja de deber actividades impuestas en la relación laboral y obtener un pago insuficiente para vivir. No llegamos a fin de mes con el pago, pero además nos encontramos endeudados en actividades que no hemos podido cumplir: el dinero no alcanza, *pero* el tiempo tampoco. En no pocos casos, incluso si nos suspendieran el salario, tendríamos que trabajar semanas o meses pagando la deuda de tareas acumuladas que se traducen en tiempo. Somos víctimas de una cronofagia por exceso de actividades que no dan lugar a percibir el transcurso del tiempo sin la angustia del "tener que". No se trata de los cronófagos como personas que nos distraen de nuestros compromisos, como al parecer entendía Henry de Montherlant.

Ahora bien, el tiempo individual de vida de las personas ricas empresarias se encuentra limitado por razones naturales. No obstante, la muerte de estas personas no libera a los expropiados de tiempo. Las economías liberales tienen eso resuelto por varias vías a fin de generar continuidad en la asimetría: las personas jurídicas no mueren con su propietario, sino que lo sobreviven, de manera que, desde el punto de vista del tiempo, son mecanismos de transferencia de los tiempos comprados. Lo mismo ocurre con la institución de la sustitución laboral, y también, el derecho de herencia. Para el sistema económico es clave asegurarse de que la adquisición y la acumulación de tiempos no se pierda, no se diluya, no se recupere para su dueño. La perspectiva tradicional sobre esta relación nos dice que el trabajador debe estar agradecido por la seguridad jurídica que le da la continuidad de estos contratos en contextos en los cuales habitualmente hay un desempleo considerable. Ello no contradice que el derecho laboral construya un monopolio sobre el tiempo ajeno.

Las críticas formuladas no deben hacernos olvidar que el derecho laboral ha sido construido en el marco de las luchas obrero-sindicales y el resultado es el haber obtenido una importante limitación del poder económico de los empleadores y de sus empresas. Sin el derecho laboral las condiciones de vida de los trabajadores serían iguales o peores que como eran en el siglo XIX. Sin cmbargo, csas luchas cstán cn dcsarrollo y no sicmprc han logrado los rcsultados buscados. No es fácil controlar los poderes económicos. El derecho laboral tiene problemas y los programas de las luchas obrero-sindicales señalan un interesante camino que busca mejorar esas relaciones en sentidos muy valiosos.

Sin ese derecho laboral, las relaciones entre quienes tienen recursos económicos y quienes carecen de ellos serían mucho peores, probablemente feudales y esclavistas. Es lo que se ha podido lograr en el marco de una lucha muy fuerte en la que se enfrentaron principalmente perspectivas liberales y socialistas. Con el paso del tiempo y los desarrollos tecnológicos la relación laboral se modificó de maneras muy diversas afectando el tipo de tareas asignadas, la manera de ser pagadas y el tipo de tiempo que de allí derivaba.

Conviene recordar que los desarrollos científicos ya desde el siglo XIX dieron lugar a la promesa según la cual un día trabajaríamos menos y descansaríamos más, pues el maquinismo primero y la automatización después permitirían liberar al ser humano de actividades materiales poco placenteras para así poder dedicar tiempo a lo realmente importante, algo así como la familia o la edificación de individualidades más cercanas al mundo de la cultura, los deportes y las artes. Todo un mundo de ensueño. David Graeber, en su libro *Trabajos de mierda* (2018), nos recuerda que John Maynard Keynes predijo jornadas laborales mucho menores como consecuencia del desarrollo de la automatización de los procesos productivos. Nada de ello llegó: los desarrollos tecnológicos y científicos lograron a menudo abaratar la mano de obra y con frecuencia se prescindió de ella.

En la actualidad un discurso dominante y muy extendido socialmente es el de la modalidad de trabajo *free lance*. Como es sabido, se trata de una modalidad de vinculación en la cual quien presta el servicio no pareciera encontrarse bajo una subordinación laboral, a menudo adquiere sus ingresos a través de diversos contratos cuyos compromisos y resultados no implican un horario fijo ni prestar su servicio en un lugar determinado y estable. El discurso dominante afirma que un *free lancer* es su propio jefe, tiene un importante espacio de libertad y maneja su tiempo según su propio criterio e interés. La narrativa que vende el trabajo *free lance* encuentra que es lo mejor porque compatibiliza muy bien con las demás actividades de la vida de las personas: hay tiempo para sí mismo, para la familia, para emprender otros negocios y para actividades personales diversas. El *free lancer* extrae sus ingresos de diversas fuentes, no está atado a ninguna empresa, no recibe órdenes y un largo etcétera.

Es probable que existan muchos *free lancers* exitosos, pero al parecer la gran mayoría de personas que desarrollan este tipo de actividades "independientes" (creadores de contenido, vendedores por catálogo, artistas, diseñadores gráficos, programadores, *webcamers*, prestadores de servicios a domicilio como masajistas y educadores físicos) encajan en las cifras de precarización del empleo. Sus ingresos suelen ser muy insuficientes para atender sus gastos, deben costear toda su seguridad social, compiten con otros *free lancers* por precios cada vez más bajos, deben pagar los gastos empresariales, pero en su propia casa, esto es, internet, locación, electricidad, transporte, publicidad, costos del celular, impuestos, capacitación, entre otros. El *free lancer* suele requerir de apoyos familiares para pasar las frecuentes dificultades económicas.

Pero son libres de usar su tiempo como quieran, lo cual significa usarlo para gastar toda su atención en que su emprendimiento un día sea exitoso, lo que a menudo nunca llega a ocurrir. No siempre es claro que hagan parte de las cifras de desempleo o subempleo. El asunto es que existen millones de personas en el mundo que aportan a un tiempo colectivo perdido en emprender lo que muy difícilmente tendrá éxito. El *free lancer* se encuentra bajo el influjo de una narrativa que le impide ver que su condición simplemente es la de la precariedad laboral y, por el contrario, suele atribuir a sus incapacidades y fracasos individuales los malos resultados obtenidos. El *free lancer* a menudo está desposeído de una explicación estructural de su situación y no logra adivinar que el Estado, las empresas, ciertos cambios globales guardan una mayor conexión con esas dificultades. Debe admitirse, también, que la condición de *free lancer* es la alternativa aislada frente a la falta de empleos de calidad. La precarización del empleo genera unos tiempos libres para el consumo de un tipo de empresa difusa que le vende a la gente la idea de que es posible ser su propio empleador exitoso. Se trata de la empresa del emprendimiento: una suerte de hágalo –y hágase– usted mismo que tiene como referentes triunfadores a empresarios paradigmáticos como Bill Gates, Steve Jobs o Mark Zuckerberg. Para la época del "precariado" laboral, según el término usado por Guy Standing (2011), viene bien una ideología según la cual usted es el responsable exclusivo y excluyente de su propio triunfo o fracaso. Según esta explicación, los grandes sistemas de coordinación social nada tienen que ver con la pérdida inmensa de esos numerosos tiempos colectivos. Visto desde cierta distancia y con cierto enfoque, el *free lancer* es un aspirante eterno a conseguir empleo o, mejor, ingresos económicos. Esto significa que siempre estuvo haciendo una fila, esa que supone tiempos de espera sentados en casa, preparándose cada vez mejor para obtener unos ingresos que difícilmente logrará.

Las asimetrías del tiempo entre los géneros

Escribir un par de párrafos sobre feminismo no es fácil cuando se es hombre, por aquello de que la condición de mujer no nos habita, pero quizá tenga algún valor tratar de ponerse por unos renglones en el lugar de la otra o, por lo menos, transcribir algunas ideas acerca del tiempo que se leen o derivan de los estudios y las acciones feministas. El pensamiento feminista me resulta convincente en campos muy diversos y me ha ayudado a cuestionar aspectos de nuestras sociedades que antes no veía. También me ha ayudado a cuestionarme a mí mismo. Ahora bien, todos sabemos que el feminismo –los feminismos– está en desarrollo, presenta contrapuntos internos y con ciertas excepciones no suele ser concluyente sino bastante autocrítico en las múltiples perspectivas que asume. A mi entender, al consultar las perspectivas feministas las principales asimetrías en materia de tiempo pueden ser las siguientes:

El feminismo logra redefinir la historia como el tiempo del patriarcado, una redefinición que da lugar a poner unas bases emancipadoras en cuanto trazan posibles caminos para motivar un orden diferente al vivido hasta hoy. El patriarcado es presentado como la construcción de un orden histórico que ha consolidado un dominio del hombre sobre la mujer en los diferentes campos de la vida: social, político, económico, sexual, laboral, cultural, educativo, lingüístico, familiar, epistémico, entre otros. En línea con Alda Facio (1999), el patriarcado da lugar a un sometimiento de todas las mujeres en todas las sociedades: quienes están por nacer, las niñas, las jóvenes, las mujeres adultas, las mujeres mayores, incluso las que han fallecido. El patriarcado sitúa a los hombres todos en posiciones de superioridad respecto de las mujeres, como padres, gobernantes, sacerdotes, empleadores, esposos, como el agresor sexual, el legislador, el científico, el filósofo, en fin.

Son los hombres quienes han definido históricamente aspectos cruciales de la vida de las mujeres todas: su naturaleza de mujer, su feminidad, su lugar en las sociedades, su enclaustramiento doméstico, su exclusión de la política, su dependencia económica, su papel en la sexualidad, particularmente, como objeto sexual; su condición de pecadora y criminal, su imagen de ser humano débil e inestable, su formación para el servicio, el lenguaje que las designa, y el conocimiento que las describe y las prescribe. El patriarcado es un orden total.

El registro anterior no solo recoge las ideas generales que nos presenta el feminismo, sino que contribuye a formarnos una idea más completa de la realidad. ¿Qué nos permite pensar esta perspectiva? Pues que el tiempo que han vivido las mujeres es un tiempo patriarcal, por tanto, no han vivido su propio tiempo, el cual se encuentra en proceso de construcción. Si el tiempo es una construcción social, podríamos inferir del feminismo una corrección a Norbert Elias: el tiempo es una construcción social machista. El discurso feminista critica y deconstruye el orden masculino, lo cual posibilita que ellas construyan su propio tiempo y, por esta vía, el tiempo. Considerado en general, el tiempo para el feminismo es tiempo de sometimiento, tiempo que no les pertenece, porque las subyuga; y, de otro lado, tiempo posible, tiempo de esperanza y creación. No hay duda acerca de que los logros históricos del feminismo se han movido en la línea de visibilizar de manera germinal las injusticias sufridas y en la creación constante de expectativas derivadas de numerosas investigaciones y acciones políticas encaminadas no solo a la emancipación respecto del patriarcado, sino también a la construcción de una realidad diferente.

Más específicamente, lo que se puede entrever en los estudios feministas y su relación con el tiempo es que el tiempo masculino ha ordenado la vida de las mujeres y, a su vez, el orden masculino ha contribuido a dar un sentido masculino al tiempo de las mujeres. Al expresar sus estudios, propuestas y acciones en clave de tiempo, bien podría decirse que el presupuesto de tiempo femenino es patriarcal, desvaloriza y no reconoce el trabajo femenino, particularmente el del cuidado; la pobreza de tiempo en nuestras sociedades, que afecta a las mayorías, se encuentra acentuadamente feminizada; buena parte del tiempo de las mujeres está destinado a ser atractivas para los hombres; el tiempo de la mujer es en buena parte tiempo de espera del varón y de satisfacción de este; el tiempo de la mujer es tiempo de reproducción y de producción de hijos; el tiempo de la mujer es tiempo de castigos y sanciones provenientes de las infracciones al orden masculino; el tiempo de la mujer es tiempo de marginación y exclusión de ciertas actividades como la política, especialmente, en la definición del orden social; es también tiempo de espera en la asignación de roles de género.

En relación con el derecho, Carol Smart evidencia la transición en el pensamiento feminista que va de preocuparse por los derechos de las mujeres a centrarse en el derecho sobre las mujeres. Estas autoras han dejado claro que el tiempo del patriarcado no ha tenido lugar por fuera del derecho. Por el contrario, el derecho ha sido un factor central en la producción de ese orden y esa realidad y lo ha sido también para impedir la emancipación de las mujeres. Tanto la filosofía como la teoría del derecho y, claro, el derecho mismo, son androcéntricos y expresan un paradigma de masculinidad, como subraya Janet Rifkin. Algunas feministas denuncian que la teoría del Estado y el derecho pasan por neutrales y objetivas, pero que el derecho todo constituye una perspectiva masculina de toda la sociedad, en la cual no se toma en cuenta la especificidad de las mujeres, razón por la cual esa filosofía, esa teoría y el derecho deben ser reescritas, como propone Catharine Mackinnon (1993). El tiempo del derecho es tiempo androcéntrico que descansa en un histórico "contrato" sexual realmente impuesto (Carole Pateman, 1995).

Adicionalmente a estas construcciones asimétricas es importante señalar que en términos biológicos la vivencia de las mujeres difiere mucho de la de los hombres. El tiempo biológico de las mujeres se encuentra condicionado naturalmente por ciclos como la fecundidad y la maternidad, los cuales se superponen con un asimétrico reparto social de tareas que hacen más desafiantes aquellos condicionamientos naturales.

Queda poco qué agregar a estas perspectivas críticas, aunque es casi seguro que se vienen estudios más específicos sobre el tiempo formulados desde el feminismo. En efecto, el relato feminista confirma una importante asimetría entre los géneros respecto del tiempo. Cuando más, quedan por criticar ciertas acciones políticas y su implicación respecto del tiempo: se trata de las prácticas denominadas "cancelación", en las cuales algunas activistas de cierto feminismo, convencidas del fracaso histórico del sistema sancionador estatal -penal, disciplinario, político-, deciden adelantar por sí mismas y de maneras muy lejanas a los denostados procedimientos sancionadores, actividades de rechazo público contra personas, empresas o instituciones acusadas de prácticas machistas del más diverso tipo, como abusos, violaciones, sexismo y muchas otras.

La cancelación consiste en buscar que esas personas, empresas o instituciones sean objeto de rechazo público de tal manera que su reputación se vea gravemente afectada. Cancelar significa, en sus expresiones más extremas, la exclusión y el rechazo total del cancelado, esto es, marginarlo de su segmento empresarial, excluirlo de las instituciones en las cuales trabaja, desvalorar toda su obra y trayectoria, avergonzarlo públicamente, y más. La cancelación ha sido ampliamente criticada, incluso por varias corrientes feministas, que encuentran que no es muy efectiva en sus resultados porque no contribuye a criticar el orden machista, sino que se queda en un punitivismo nocivo, es muy instantánea -por lo cual pierde contexto y panorama-, suele producir reacción social contra las impulsadoras y solidaridad con el acusado, no genera un debate público, informado y sostenido, entre otras. También suele ser criticada la cancelación por hacer a un lado los valores y principios del debido proceso constitucional: presunción de inocencia, no existe falta sin norma jurídica previa, principio de contradicción, autoridad que juzgue como un tercero imparcial, principio de legalidad de la pena, etcétera.

Agrego que, desde el punto de vista del tiempo, la práctica de la cancelación en ciertos casos implica una lectura de las conductas del pasado con criterios de corrección moral y política actuales. En estos casos, que no son los de mayor ocurrencia, cabe señalar que la justicia y el acto de juzgar deben estar situados temporal y espacialmente, de lo contrario perdería sentido juzgar, porque en teoría del tiempo todo estaría ocurriendo hoy. Por último, cabría criticar que la concepción temporal de la cancelación supone entender el futuro como un horizonte en el cual solo cabe el castigo eterno e irredimible en el cual rara vez procede algo así como el perdón o la reivindicación. El cancelado carece de rehabilitación, resocialización o reincorporación. Cancelación es para siempre. Este segmento muy reducido de la práctica sancionadora feminista no conoce la redención. Asume una detención del tiempo -la que no logra Josué- en la que el cancelado mantiene el rostro del irredento sin esperanza reducido a la infracción. El cancelado en esencia es un infractor. La infracción es su identidad.

Las asimetrías en los tiempos de espera

Supongo que todos nosotros hemos estado en numerosas ocasiones haciendo colas interminables en un banco o en las instalaciones de una entidad pública, cuando no es pegados al teléfono esperando ser atendidos por algo o alguien. Es una situación tan irritante como cotidiana. En el mundo contemporáneo millones de personas requieren a cada momento de ciertos servicios públicos y privados a los que acuden en calidad de administrados, usuarios y consumidores. Estos servicios cubren áreas muy diversas: numerosas entidades ante las cuales asistimos para presentar denuncias, quejas, reclamos, solicitudes de servicios relacionados con la educación, la salud, la vivienda, servicios públicos domiciliarios, servicios de telefonía celular, de televisión, de internet, financieros, entre muchos otros. Las relaciones de los usuarios y consumidores de esos servicios y las entidades públicas o las empresas privadas que los prestan pueden llevarse a cabo en el mundo analógico o digital, lo cual significa que, en concreto, los usuarios y consumidores para acceder al servicio, tramitar asuntos relacionados con él o terminar nuestros contratos debemos concurrir a oficinas dispuestas al efecto, o contactar por vía telefónica o a través de páginas web, plataformas o redes sociales, tales como WhatsApp, correos electrónicos, entre otros. Todo un mundo de atención dispuesto para nosotros.

No es cierto, la verdad es que nos atienden bastante mal. Los malos servicios que nos prestan se caracterizan porque el usuario o consumidor siempre está a la espera de ser atendido, en una cola infinita con algunos documentos en la mano o con el celular al oído mientras escucha la insoportable música institucional de la empresa que nos malpresta el servicio esperado. Usualmente el precio del servicio lo hemos pagado con antelación –o nos lo han deducido del salario directamente–, pero a menudo no nos es prestado con prontitud y calidad. Ahí estamos en la cola o al teléfono para reclamar. La imagen general es la de millones de personas en cola o al teléfono esperando alguna respuesta que tardará en llegar. ¿Cómo fue que llegamos a esta situación?, ¿cómo se hizo posible que millones de personas en este instante esperen durante horas a que algo o alguien los atienda?

En el modelo capitalista contemporáneo de prestación de los servicios la relación entre empresas de servicios, consumidores, usuarios y Estado se basa en el pago por un servicio y se ordena en función de la rentabilidad empresarial. No perder dinero en la prestación del servicio es la clave del orden del servicio. Para no perder dinero, el Estado y las empresas hacen que sus usuarios y consumidores perdamos nuestro tiempo. La solución de ellos la conocemos todos: mejorar el servicio trae costos en tanto que mantenerlo precario o desmejorarlo disminuye esos costos y solo implica que nosotros perdamos nuestro tiempo y nuestros derechos. Dinero versus tiempo: gana el dinero. El tiempo del usuario es irrelevante, o casi. Habría que exigir que esta situación cesara, o que, por lo menos, ese tiempo nos fuera compensado, y también, que nuestro tiempo perdido en sus colas y servicios de espera se cuantificara al final de sus balances de ganancias y pérdidas, de tal suerte que al presentarles a los organismos de control o a sus accionistas o socios las ganancias cuantificadas en dinero, fuera descontado igualmente en dinero el tiempo perdido por los usuarios y consumidores. No tienen ningún interés en reconocerlo, además, el tiempo no tiene compensación o equivalencia puesto que es más valioso que el oro.

Determinar quién espera y "pierde" su tiempo es un problema político crítico que no se discute, y que es casi irrelevante en términos jurídicos. Salvo ciertas circunstancias especiales, la pérdida generalizada de tiempos por millones de personas no le importa al orden jurídico. El derecho monetiza el uso de los tiempos de los trabajadores, pero la pérdida de un tiempo no laboral es invisible. Las empresas de este tipo logran con su *lobby* ante el Estado que el servicio se pague de manera anticipada y obligatoria por parte del futuro consumidor, pero no existen cláusulas que las obliguen a atendernos con la misma inmediatez. Pagamos anticipadamente un servicio que no recibiremos u obtendremos de manera precaria y tardía. De haber sabido con antelación que el servicio no sería prestado o lo sería de manera muy precaria, probablemente habríamos negociado el precio, pero ello no está disponible, porque, además, suelen ser contratos de adhesión, y nuestra vinculación con dichos servicios a menudo es obligatoria por ley, una ley redactada o condicionada por los empresarios de esos negocios.

No existe un derecho al tiempo, especialmente, un derecho a no perder el tiempo. El consumidor y el usuario no tienen opción: para obtener un servicio más o menos precario están obligados a estar disponibles para las empresas prestadoras del servicio y hacer a un lado las actividades a las que preferiblemente destinarían su tiempo. Las empresas no son insensibles a la pérdida de tiempo de los usuarios y consumidores de sus servicios, pero en lugar de aumentar la calidad del servicio para reducir la pérdida de tiempo de los destinatarios del servicio, las supuestas soluciones no mejoran esa condición de espera, sino que rentabilizan el plazo de espera o simplemente buscan que no sea percibido.

Las "soluciones" son imaginativas, pero elusivas si esperamos que eviten nuestra espera: instalar sillas para perder el mismo tiempo, pero sentados; disponer televisores para distraernos durante la espera o centrar nuestra atención en llevar la cuenta atrás para nuestro turno; tener a la mano revistas, usualmente de muy baja calidad o de contenido de la misma empresa que nos hace perder el tiempo; usar la disponibilidad del cliente para recopilar sus datos mediante toda clase de encuestas y actualizaciones de datos (que luego venden con altas rentabilidades sin ningún retorno valioso para los dueños y generadores); implementar estrategias de autoservicio de registro, de identificación, entre otras; usar máquinas con respuestas pregrabadas y con derivación del cliente; establecer soporte las veinticuatro horas del día, de modo que usted no solo pierda el tiempo en horario diurno, sino también en horario nocturno; decir al cliente que, para que no pierda su tiempo, lo llaman más tarde, con lo cual el tiempo de espera no se suspende, pero ya no hay presión directa sobre la empresa o institución; fijar letreros o poner mensajes que informen el tiempo de espera proyectado; y tantas más.

Es frecuente, además, que la llamada telefónica se "caiga" y haya que empezar de nuevo; y no es extraño que nos respondan al final que estuvimos mal informados o atendidos y que debemos dirigirnos a otra sección de servicio. En los servicios de salud es ordinaria la respuesta de acuerdo con la cual "ya no hay agenda, espere que la abramos la semana siguiente" o que dispongan unos pocos turnos de tal suerte que usted debe llamar entre las 6:00 y las 6:05 a. m., momento para el cual los turnos dejan de estar disponibles.

La promesa de no perder el tiempo es muy rentable: muchas empresas jerarquizan sus servicios según la capacidad de pago de sus consumidores, así, por ejemplo, si usted paga más (adquiere un servicio "oro", "diamante" o "platino"), le reducen algunos de los tiempos de espera y es atendido con mayor prontitud. Así las cosas, la amenaza de perder el tiempo creada por la empresa la resuelve la misma empresa muy fácilmente logrando mejores ingresos. Un día tendríamos que obligar a las empresas, sus contadores y economistas a que nos informen cuál es la rentabilidad derivada de hacernos perder el tiempo. Perder el tiempo es evitable, si usted paga más. Estas soluciones incrementan las asimetrías sociales, consolidan un orden de los privilegios y valoran de manera desigual los tiempos personales. El derecho es ciego a estos abusos.

La ampliación del servicio y del tiempo de servicio sería lo que habría de mejorarse para reducir las colas, pero esa solución incrementa los costos y rara vez se la considera. Las empresas que prestan estos servicios conocen bien todas estas estrategias elusivas, al fin y al cabo, sus miembros sufren la misma tragedia cuando hacen uso de servicios diferentes. Hay estudios denominados "teoría de colas" dedicados a la gestión de tiempos de espera, pero su enfoque rara vez está de lado de mejorar el servicio; a menudo se ocupan de cómo se comportan las personas en las colas a fin de diseñar estrategias encaminadas a extraer datos que les permitan aprovechar para el sistema económico su tiempo de espera. El tiempo de espera no es un residuo indeseable, por el contrario, es un resultado buscado y valioso. El tiempo de espera es una gran empresa dentro de la empresa.

El tiempo perdido en las colas guarda una conexión con otras disparidades de tiempo que también son importantes. Un caso interesante es el de los tiempos de espera en materia de derechos, particularmente, es crítico el de los derechos económicos y sociales, es decir, aquellos derechos materiales que exigen inversiones del Estado y pagos derivados del sector privado (salud, educación, vivienda y otros). Las constituciones políticas suelen incorporar en sus textos como exigibles numerosos derechos de esta naturaleza. Muy a menudo no son exigibles de manera inmediata con la expedición de la constitución respectiva, pero es esperable que pasado "cierto tiempo" ellos se cumplan. En Colombia, pasados treinta y tres años de expedida la constitución estos derechos suelen ser incumplidos o prestarse muy precariamente. La disparidad es evidente y se encuentra en la base de muchos de los problemas de nuestros Estados: el tiempo del constituyente economista que tiene en su cabeza que los derechos se obtienen con cambios de larga duración; y el de quienes protestan en las calles y exigen materializarlos ya mismo. ¿De qué manera se afectaría la obediencia y la conformidad social si la gente supiera que esos derechos no habrán de ser cumplidos nunca? El término "nunca" tiene sentido, pues lo que hay que tomar en cuenta no es la perpetuidad del orden jurídico sino el tiempo de vida biológico de una persona.

Similar a la situación anterior es la de la vieja, pero actual, teoría económica de la distribución por derrame o por efecto goteo que, en general, aplaza la distribución de la riqueza para la mejor satisfacción de los derechos de la sociedad, logrando que antes de ello se bajen los impuestos a las personas adineradas, a las empresas y a los inversionistas a fin de que estos aumenten la inversión y como consecuencia en el futuro mejore la estructura económica global. De nuevo, la disparidad de tiempos de espera: los ricos reciben un beneficio inmediato y los pobres aplazan sus expectativas. En Latinoamérica la teoría del derrame fue recomendada por diversos organismos internacionales y el derecho avala este tipo de construcciones de la teoría económica. Distribuirán la riqueza cuando algunos ya hayan obtenido las máximas ganancias.

Voy a terminar estas consideraciones sobre los tiempos de espera con las hoy extendidas "hipotecas inversas". Es un tipo de contrato muy polémico y cuyo propósito es que el cliente obtenga una renta vitalicia fija a cambio de la propiedad de su casa cuando muera, es decir, al fallecer la persona titular de la propiedad de la casa el contrato de hipoteca inversa permite que la empresa que financia esa renta fija mensual pase a ser la dueña de la casa. En este caso el tiempo de espera pasa a ser el de la empresa financiera, un tiempo macabro sin duda. A la empresa financiera le viene bien que muera usted pronto, pues no es un buen negocio que su vida sea larga. Cuando se trata de grupos económicos multiempresariales con inversiones en diversos renglones de la economía, se puede presentar la paradoja de que una de sus empresas de salud busque la extensión de nuestras vidas, esto es, mantener en marcha nuestro reloj biológico, en tanto que la empresa financiera tiene un interés, digamos, inverso. Al modelo de negocio llamado hipoteca inversa se lo critica porque, además de quedarse con su casa, cobra intereses sobre el dinero mensual que entrega, tiene seguros cuyo costo paga el propietario, el dinero suele tener una cuota fija sin incrementos y reduce el patrimonio de sus sucesores. Problemas que se refieren directamente al tiempo y que surgen de una relación legal.

Los tiempos de espera deben ser pensados jurídicamente desde la perspectiva de la cronojusticia. Estar disponible durante horas para que otros no pierdan dinero es una buena manera de entender el modelo capitalista y las maneras como debe ser criticado y redefinido el orden contemporáneo. Nos incumbe trabajar en comprender claramente esta asimetría y la injusticia que trae consigo. Es nuestra tarea articular formas de exigir que nuestros tiempos sean valorados y respetados. Debemos transitar hacia un reconocimiento de los tiempos perdidos y proponer formas de que tales tiempos sean reconocidos a su titular, compensados y, cuando ello no sea posible, indemnizados. Hay personas enriquecidas de cuenta de que otros nos volvamos pobres de tiempo. Exijamos el derecho al tiempo como un derecho que es gravemente vulnerado y que debe ser instaurado.

Las asimetrías en el tiempo intergeneracional

Recientemente conocí el caso de alguien que había llegado a la edad de pensión, pero que no estaba dispuesto a dejar su empleo dado que su propia hija en edad de trabajar no había conseguido un empleo y aquel debía ayudarle con los gastos a ella. Considerada esta situación en general hay quizá un problema de injusticia intrageneracional: dado que los padres prolongan su vida laboral, sus hijos no pueden acceder a empleos. Los hijos no pueden emanciparse y continúan dependiendo económicamente de ellos. Si los padres se pensionaran, sus hijos tendrían más oportunidades de emplearse. Por supuesto que esta situación no debe presentarse como un enfrentamiento entre padres e hijos concretos y, claro, depende más del sistema económico y laboral que de la decisión de un padre con necesidades económicas que no resolverá su pensión –si la obtiene– y la de un hijo que no encuentra empleo. La solución no se encuentra en ellos. Esta es una situación excepcional, no hay duda de ello. El tema está lleno de aristas y condicionamientos, es verdad, pero sirve para ilustrar la idea de la justicia intrageneracional.

Los problemas de justicia intrageneracional se refieren a injusticias entre generaciones diferentes, pero que existen al mismo tiempo. El uso de los recursos disponibles, secuencial o por turnos, es también útil para comprender el problema: es frecuente encontrar en los servicios sanitarios públicos letreros que nos piden hacer uso de ellos y dejarlos en buen estado para las próximas personas que habrán de usarlos. Este tipo de recursos y servicios son usados por turnos y deberíamos tomar en cuenta no solo la satisfacción de nuestras necesidades presentes sino también las de las personas venideras, en el futuro cercano. Podríamos imaginar el comportamiento contrario: usamos un recurso de manera impeditiva para un uso posterior, aun para nosotros mismos en un regreso próximo. La clave de esta situación se encuentra en la consideración que deberíamos tener con los demás usuarios.

Los problemas de justicia intergeneracional son similares a los de justicia intrageneracional, aunque se encuentran referidos a generaciones que no existen en este momento, pero que existirán en un futuro cercano o lejano. Creo, sin embargo, que la estructura del problema es la misma, con matices, por supuesto. La diferencia más radical obviamente se encuentra en que las generaciones futuras aún no existen y, por tanto, no son habitualmente titulares de derechos que se puedan enfrentar a los deberes de las generaciones actuales y tampoco pueden hacer por sí mismas presión social, política o jurídica.

El tema de la justicia o, por lo menos, la consideración de las generaciones futuras de cara a nuestros compromisos no es nuevo, aunque sus desarrollos son relativamente recientes. La justicia intergeneracional se suele usar en asuntos y problemas muy diversos: de cambio climático, medioambientales, de escasez general o especial de recursos, de viabilidad del sistema de pensiones y muchos más. La verdad es que podría extenderse a casi todos los bienes públicos, compartidos o comunes. En el mundo del derecho privado este asunto puede tener como referente el derecho hereditario que busca proteger a los hijos; claro, es de tipo familiar y muy directo por vínculos de sangre. Algo similar ocurre en el derecho societario y las cláusulas encaminadas a mantener el control de ciertas empresas en las generaciones de socios dentro de una familia.

La definición de desarrollo sostenible suele ser tenida como paradigmática en el estudio de la justicia intergeneracional, aunque no está exenta de críticas. Recordemos el concepto base, un crecimiento que satisface las necesidades presentes sin comprometer la capacidad de las generaciones futuras para satisfacer sus propias necesidades. La idea global se suele entender como el deber de dejar a las generaciones que nos sucederán un mundo igual -ojalá mejor- que el que nosotros hemos recibido de las generaciones pasadas. Esto implica tomar en cuenta aspectos tales como que esos recursos sean suficientes, diversos, disponibles y accesibles. Debemos considerar, además, que ya existe a nivel mundial una inmensa desigualdad en la distribución de esos recursos entre naciones, clases sociales, sexos y grupos etarios. Parece obvio también que no existen hoy políticas públicas ni nacionales ni globales que contribuyan a revertir esta situación por medios creíbles.

Además, no imaginamos el futuro solo en nuestra dimensión individual, sino también en nuestra perspectiva colectiva. En la mayoría de los casos nuestras vidas las vivimos, pensamos y proyectamos colectivamente. Nos resulta fácil suponer que habrá generaciones más próximas o lejanas que nos sucederán en el tiempo y la idea de algún legado es relevante en campos muy variados de nuestras vidas. Así sea en campos segmentados, nos suelen interesar no solo las personas individuales sino colectivas, esto es, nos interesa la suerte que habrán de correr nuestros estudiantes, nuestros familiares y su descendencia, nuestros vecinos, los connacionales y más. Nuestro futuro no es un habitáculo intemporal y vacío, por el contrario, lo imaginamos y proyectamos sobre la base de un presente bastante real.

El enfoque sobre las generaciones futuras suele ser antropocéntrico y no suele considerar las demás especies de animales y plantas como sujetos con derechos. La cuestión central con frecuencia se plantea en el sentido de cómo habrán de recibir el mundo las generaciones humanas futuras, pero es menos común que preguntemos cómo habrán de recibirlo los animales y las plantas. Con el desarrollo de los derechos no humanos esto es cada vez más importante. El ecofeminismo, a su vez, empieza a hacer planteamientos acerca del pasado patriarcal que definió los modelos de desarrollo que dieron lugar a las diversas crisis contemporáneas de viabilidad planetaria, y formula las bases de una perspectiva del desarrollo alejada del modelo dominante de consumo y destinación de recursos primarios a bienes o servicios innecesarios. La ética del cuidado se extiende a estos campos.

El tiempo del consumo y la vida occidental en los últimos siglos no consulta el tiempo natural de conservación. El tiempo acelerado de consumo va en contravía del tiempo de acumulación de recursos naturales logrado por la naturaleza durante millones de años y que, desde una perspectiva igualmente antropocéntrica, constituiría el presupuesto colectivo de la supervivencia humana, animal y vegetal. Pocos siglos, del industrialismo hasta hoy, han sido suficientes para diezmar la riqueza natural que el planeta ha nutrido durante millones de años, lo cual, a su vez, reduce sensiblemente el horizonte de tiempo del propio Antropoceno.

Estos problemas y desafíos deberían ser objeto de consideración por parte de la teoría de la justicia. La teoría de la justicia es una construcción humana útil para localizar algunos problemas y buscarles soluciones y es común que lleve décadas construir algunas de sus vertientes y hacerlas más o menos legítimas. La teoría de la justicia relativa a las generaciones futuras se encuentra en una fase muy germinal y quizá nunca se logre desarrollar y legitimar. Ahora bien, parece cierto que existe una asimetría entre generaciones porque en el horizonte cultural humano el futuro es un imaginario constante en el cual nos vemos y vemos a nuestros descendientes, pero ellos no pueden intervenir en valorar la gravedad del problema ni en buscar soluciones. Sin embargo, hace parte del imaginario humano la idea de que el futuro es un tiempo al que llegaremos más tarde o temprano y ese futuro es depositario de muchas de nuestras expectativas.

Nuestra capacidad de prever y planear le da al futuro un sentido de relativa certeza como horizonte de posibilidades. Malo o bueno habrá futuro y solemos hacer muchas cosas de nuestras vidas para que sea mejor. No parece que como humanidad lo estemos logrando, pero lo esencial es que en general el futuro nos interesa y, salvo casos muy específicos, lo imaginamos con humanos que habrán de habitarlo. El futuro es una certeza en tanto compone nuestra manera de entender el tiempo como un horizonte de promesas, de posibilidades. Las generaciones futuras son reales, no porque existan materialmente, sino porque hay una gran confianza en nuestro devenir que nos permite avizorarlas, preverlas. No deberíamos razonar sobre los problemas relativos a su existencia de manera contrafáctica, como si súbitamente el incesante flujo de generaciones fuera a detenerse en el próximo minuto.

Es posible pensar la conexión entre presente, pasado y futuro en los términos de la metáfora de Husserl sobre los objetos temporales contenida en sus *Lecciones sobre la conciencia del tiempo inmanente*. La música, a su juicio, es un buen ejemplo:

> Cuando escuchamos una pieza musical no oímos una nota inconexa a cada instante, sino que la melodía 'se constituye en un continuo de actos que, por una parte, es recuerdo; [aunque] por otra más pequeña, puntual, es percepción [la nota, diríamos nosotros] y, por una tercera, es expectativa' (Husserl, 1959, 70). En otras palabras, pasado (el recuerdo), presente (la percepción) y futuro (la expectativa) se reúnen en el presente (pasado/presente, presente/presente y futuro/presente) para generar el objeto temporal que es la melodía (García, 2007, 230 y 231).

Las teorías de la justicia todas pueden ser cuestionadas acerca de la justicia intergeneracional. Ninguna es una teoría algo así como presentista, pues en todas ellas, incluso en sus versiones más cortoplacistas, el tiempo no es solo presente instantáneo. Todas se proyectan en el tiempo, aunque la mayoría de ellas no consideran un tiempo muy prolongado como constitutivo, pero este es solo un asunto de ajuste teórico. Ninguna de las teorías de la justicia que la humanidad ha construido está atada al presente sin ninguna consideración con el futuro, todas ellas son susceptibles de ser proyectadas en el tiempo que viene. Y el tiempo venidero es el de las generaciones futuras.

El tema de la justicia intergeneracional suscita debates muy diversos: ¿cuál debe ser el fundamento de esa justicia?, ¿cómo se la puede hacer obligatoria, especialmente a través del derecho?, ¿deberían ser las generaciones futuras un sujeto jurídico titular de derechos?, en caso de incumplir las obligaciones establecidas, ¿quién y cómo las puede exigir?, ¿son eficaces las determinaciones jurídicas al respecto?

Mi respuesta en general afirma que con algunos ajustes todas las teorías de la justicia pueden incorporar el futuro más o menos extenso dentro de sus consideraciones y aceptar que las generaciones futuras pueden resultar altamente beneficiadas. Ninguna teoría de la justicia se encuentra enclaustrada en la idea de que solo los individuos de un determinado presente –el hoy– son titulares de derechos de consumo para la extinción. La cronojusticia es la perspectiva que defiende que el tiempo es un recurso valioso que debe estar sujeto a estándares de justicia para una mejor vida actual y futura de las personas, y también de los ecosistemas. En tal sentido, y en el marco de la teoría jurídica dominante, deberíamos construir el derecho subjetivo al tiempo, esto si llegásemos a pensar que los derechos constituyen algún tipo de protección, pues, como ya dije antes, el Marx de *La cuestión judía* nos habría advertido que los derechos solo liberan –protegen, diríamos en este caso– al sujeto jurídico, pero no al sujeto material.

Ese derecho subjetivo al tiempo tendría en ciertos casos la estructura de un derecho de libertad, que podría valer, por ejemplo, como un argumento adicional favorable al derecho a la vida en el caso de los impedimentos –jurídicos– a los suicidas. Es decir, podría pensarse el suicidio como libertad de definir el tiempo de la vida propia. Expresémoslo en la criticada metáfora del río del tiempo, del tiempo como un fluir: el suicida decide salirse del río del tiempo, decide renunciar a su flujo. Mercedes Sosa ha cantado en "Sobreviviendo": "Ya no quiero ser solo un sobreviviente, quiero elegir un día para mi muerte". Por su parte, Alejandra Pizarnik en su poema "La última inocencia" nos dirá: "He de partir (...) no más formar fila para morir". Pizarnik se saltó la fila. Probablemente una interpretación posible del "morir a tiempo" nietzscheano sea esa, la de elegir el cuándo te sales de su corriente. El suicida logra lo que no obtuvo Josué, detener el tiempo.

En otros casos, el derecho al tiempo podría adquirir la estructura de un derecho de igualdad, en cuyo caso, por ejemplo, el tiempo de espera perdido en las colas bien podría ser objeto de reconocimiento económico (compensación o indemnización) por la vía de aceptar que el tiempo del usuario o consumidor es tan valioso como el tiempo del propietario o empresario, y mucho más valioso que el tiempo de la empresa. También, podría cuestionarse, por lo menos parcialmente, la idea de que hay tiempos sociales más valiosos que otros, por algún tipo de mérito, por ejemplo, en el caso de las universidades en las cuales el tiempo se paga a precios notoriamente dispares. En una universidad el tiempo de una empleada de oficios materiales puede valer veinte veces menos que el de un profesor doctor. La vieja idea anarquista de los bancos de tiempo confirma que es posible, por lo menos, acercar sus valores. Es una grave cronoinjusticia difícil de justificar desde los recurridos argumentos del mérito.

Finalmente, podría adquirir la estructura de un derecho de solidaridad o colectivo, en cuyo caso la llamada ética del cuidado es un magnífico ejemplo de tiempo solidario habitualmente asumido por las mujeres; igualmente puede serlo el derecho al tiempo intercultural o intergeneracional. Otro ejemplo interesante es la vulneración del derecho al tiempo de comunidades étnicas, por ejemplo, como argumento adicional para luchar contra la omisión legislativa absoluta del Congreso de la República de Colombia para expedir la legislación sobre la jurisdicción indígena. Por otro lado, el derecho –colectivo– a la ciudad, particularmente a su disfrute nocturno (usualmente impedido de facto por razones de seguridad personal, de segmentaciones espaciales, de control de ciertas relaciones o a veces por los "toques de queda" o estados de excepción), podría expresarse como un derecho al tiempo, al tiempo nocturno con todos sus encantos, que no ofrece el tiempo diurno. La libertad de vivir la noche como noche, no como día extendido ni como simple expansión de los tiempos de consumo; esto es, el tiempo nocturno como libertad real de vivir todo nuestro tiempo. Considerado lo dicho, el tiempo como bien jurídico protegido puede ser el contenido de derechos con titulares individuales, sociales y colectivos.

Asimismo, convendría pensar que el tiempo como bien jurídico protegido puede ser el contenido de un deber. Cuando aquí se dice "deber", se dice deberes, y más en concreto, competencias, facultades, potestades; y, sobre todo, deberes de dar, hacer y no hacer algo con respecto al tiempo de alguien. Si el tiempo permite identificar asimetrías claves que definen nuestras sociedades contemporáneas, el deber con respecto al derecho al tiempo tendría que establecer contenidos muy concretos, esto es, definir el quién, el qué, el cómo y el cuándo. Deberes muy específicos que no caigan en la ambigüedad de algunos derechos, como los derechos sociales y económicos que fueron redactados en su mayoría abrumadora más como un plan, un programa, un proyecto o un esquema administrativo. Ahí difícilmente puede identificarse un derecho. Los derechos cuentan con la legitimidad de las luchas y revoluciones que los precedieron y son muy valiosos, no obstante, debemos explorar también el poder de los deberes, de tal suerte que el derecho al tiempo le dé mucha importancia al deber del obligado. Debemos hacer el ejercicio de redactar el deber de las empresas y entidades públicas de no hacernos perder nuestro tiempo.

Ahora bien, este desde luego no es solo un asunto jurídico, en el sentido de darle la forma de derechos, deberes y competencias. El derecho -como sistema jurídico- es el continente de muchos contenidos posibles, pero no es la manera única de enfrentarnos a los problemas de cronoinjusticia. La política, la economía, la ética, la sociología, la filosofía, y muchas más, tienen mucho qué decir al respecto. Considero que el debate acerca del tiempo y sus asimetrías debe tematizarse en los escenarios de lo público y de lo privado. Este debe ser un asunto que se trate en nuestros órganos públicos representativos, en las universidades, en las empresas y fábricas, en los hogares, en fin.

Si el tiempo es una construcción social, bien podemos reconstruir algunos de los aspectos de nuestro orden acerca del tiempo. Hay muchas rutas por explorar: Byung Chul Han recomienda transformar nuestras sociedades de tal modo que lo que él califica como la crisis temporal se supere cuando la *vita activa* acoja de nuevo la *vita contemplativa,* esto es, nos volvimos consumidores de tiempo (otro tipo de cronófagos) porque nuestras vidas están dedicadas a producir sin sosiego. Se trata de criticar el sinsentido de una vida dedicada exclusivamente a la materialidad laboral, del simple hacer repetitivo que convierte a las personas en herramientas, aquella vida que nos presenta magistralmente *El caballo de Turín,* la película de Béla Tarr, en la cual se reflexiona acerca de "lo mismo", la rutina sin sentido. Vidas varadas en repeticiones tan insatisfactorias como incesantes. Esta rutina vacía difiere de la importancia que tienen los ritos y las ceremonias, esas que defiende el zorro en *El principito,* la obra de Antoine de Saint-Exupéry. Algunas de esas repeticiones pueden encontrarse ocultas tras el encanto de las alternativas y bifurcaciones banales de los videojuegos, en los que los participantes repiten rutas superando los predecibles obstáculos para alcanzar lo más cercano a la nada.

Estamos en una sociedad que premia las personas *multitasking*, las personas rápidas en sus tareas cotidianas y, además, capaces de sobreponer actividades de manera exitosa. El sistema productivo fabril y los sistemas laborales del tipo *free lance* (esta transición de los tiempos "sólidos a los tiempos líquidos" explorada críticamente por Zygmunt Bauman) se enfocan en ayudarnos a aprovechar ya no solo el tiempo libre sino los minutos "residuales" de nuestra cotidianidad: aprender idiomas mientras dormimos, hacer ejercicio mientras trabajamos (Woody Allen, en *Bananas*, ya se reía de la industria de los gimnasios en la oficina), escuchar pódcasts de "autoayuda" mientras viajas a casa, etc. En una sociedad orientada por el principio de "más es mejor", agenciado por la macdonalización de nuestras sociedades (el término lo usa George Ritzer), las personas rápidas son tenidas como el ejemplo a seguir en detrimento de las personas pausadas o lentas. Más es mejor, es preferible que todo vaya más rápido: un orden que crea el imperio de las personas veloces sobre las personas lentas.

A menudo la promesa contemporánea de "ganar tiempo" es la manera de entregar nuestro tiempo a otros, pero ya sin pago. Por el contrario, todas estas formas de ganar tiempo consisten realmente en pagar por que otros usen nuestro tiempo (al menos al vender el tiempo laboral nos pagan por hacerlo), el cual aparecerá rotulado como tiempo libre, para que consumamos ocupaciones –la del emprendimiento– y, claro, tengamos menos tiempo para nosotros.

La combinación macabra entre personas *multitasking* y rápidas la vemos rodar desesperada por nuestras ciudades. Se trata de los jóvenes que transitan en motos o bicicletas con algún paquete que entregar a alguien, con un eslogan empresarial que promete entregar su producto o prestar su servicio en diez minutos, ¡diez minutos! En ciudades ordenadas por la congestión vehicular y con el riesgo de accidentes de tránsito mortales. Este joven *multitasking* y muy rápido conduce y mira su celular, atrapado por la intransigencia del cliente –nosotros–, quien espera que se le cumpla la absurda promesa de recibir su pedido en pocos minutos –quizá con la esperanza insatisfecha de pasar "tiempo de calidad" en familia–, y por el abuso de las empresas de encomiendas y entregas que aseguran que pueden lograrlo. El resultado lo vemos a diario: decenas de jóvenes atropellados en nuestras calles, mientras los demás transeúntes y conductores nos quejamos de que conduzcan tan mal. Un día tendremos que criticar el orden de los rápidos que, claro, no son estas jóvenes víctimas, sino los diseñadores de ese mercado atroz.

Volvamos más específicamente al tema de la cronojusticia. Los teóricos de la justicia intergeneracional han explorado opciones y han hecho balances valiosos de aquellas teorías. Mi perspectiva sostiene que toda teoría de la justicia desarrollada hasta ahora es susceptible de ser adaptada para incorporar la cronojusticia como un orientador de sus formulaciones y consecuencias. Una contribución muy breve podría ser esta: el utilitarismo bien podría ser considerado como una teoría de la justicia también intergeneracional si se ajustara la idea de que la noción de maximización del bienestar está referida a los individuos que componen no solo la generación actual, sino las futuras, esto es, si la individualidad no es presentista sino también proyectada. Así las cosas, la mejor acción que da lugar a la mayor felicidad no estaría referida únicamente a la felicidad de individuos de una misma generación, sino también de las subsiguientes generaciones, de tal manera que bien puede considerarse nuestra generación como aquella cuya acción podría generar la mayor felicidad en las generaciones sucesivas.

Para la teoría de la justicia de Rawls el ajuste consistiría en que el velo de ignorancia se considere una situación intergeneracional, es decir, que nuestra ignorancia no se refiera a la posición que ocuparíamos en un determinado orden social actual, sino que se refiera a en cuál generación actual o futura podríamos nacer. Si no sabemos a cuál generación habríamos de pertenecer, probablemente deberíamos preferir que todas ellas, incluidas las generaciones futuras, tengan condiciones de vida buenas.

La teoría de la justicia del derecho natural, igualmente, podría considerar, al tomar como referente a Cicerón, que la conducta del hombre está orientada por la recta razón y basada en el principio de que los hombres se deben unos a otros (la reciprocidad del deber), que no nacemos para nosotros mismos, sino para los demás, de lo cual no parece difícil derivar la idea de que parte integrante de esos demás a quienes nos debemos bien podrían ser las generaciones futuras.

Para la noción de justicia liberal es para la cual aparecen las mayores limitaciones de cara a ofrecer un mundo mejor a las generaciones futuras. Si un orden es justo al maximizar la libertad individual, particularmente referida a la definición de una vida propia sin intervenciones estatales o con las mínimas posibles, y si esa vida propia supone el ejercicio pleno de los derechos (libre empresa, consumo, propiedad privada, autogobierno, etc.), debemos admitir que el liberalismo requiere de una reducción de la libertad de manera inversamente proporcional al bienestar de las generaciones futuras. Esto significa límites al mercado, al consumo, a la propiedad, a la empresa, si arriesgan los recursos que garantizan ese bienestar. La verdad es que límites similares ya existen, pero respecto de los derechos de los demás o de finalidades legítimas definidas por el orden nacional o internacional. El liberalismo tipo II de Taylor y los Estados sociales ya han mostrado que es importante y necesario limitar el liberalismo original. Ahora lo novedoso es que esos límites, de cara a la teoría de la justicia, se refieren a personas que es racionalmente probable que existan, pero que hoy no están aquí, para argumentar en favor de su bienestar dependiente de lo que hagan las generaciones pasadas, especialmente la nuestra.

El liberalismo original igualmente hizo consideraciones valiosas de cara a los derechos de los demás: los límites de los derechos liberales se encuentran en no afectar los derechos de los demás; los liberales no aceptan la discriminación, y creo que las generaciones futuras, como parte de un conjunto de generaciones virtualmente existentes, estarían siendo discriminadas si la generación actual es la que define el nivel de consumo de los recursos y, de hecho, los consume sin posibilidad de conservación alguna; esto puede ser planteado en la relación intergeneracional como una dependencia de los derechos de las generaciones futuras respecto de la actual, con lo cual el liberalismo, en lugar de promover la libertad, estaría promoviendo la servidumbre y la dependencia. Más aun, dado que la generación actual es una sola y las posteriores pueden ser decenas o miles, desde el punto de vista numérico, el argumento de la conservación de los recursos para las generaciones futuras favorece a estas últimas. Podría usarse una síntesis de las máximas kantianas de acuerdo con la cual la generación actual debe obrar de tal modo que la máxima de su voluntad siempre pueda valer al mismo tiempo como principio de una legislación universal irrechazable para las generaciones futuras.

Por último, para el marxismo y de cara a una teoría de la cronojusticia referida a las generaciones futuras, pareciera evidente que en su formulación teórica las ideas claves serían las de evitar el monopolio de los recursos en unos pocos a fin de evitar la pobreza que deriva de la expropiación de unos grupos humanos sobre otros. En la esencia del marxismo se encuentra la idea de justicia de acuerdo con la cual la igualdad respecto de la riqueza disponible, así como su acceso y control, impedirían que unos pocos (la generación actual) excluyeran a los demás (el resto de las generaciones) de su disfrute. Finalmente, también sería valiosa la idea de que la vida material es decisiva de cara a la posibilidad de tener una vida satisfactoria que elimine la alienación humana.

El concepto de cronojusticia tiene potencialidades considerables que conviene explorar y desarrollar. Me parece que el derecho al tiempo merece su propio tiempo y debemos darle la oportunidad de que contribuya a cambiar considerablemente nuestros órdenes sociales que están por venir.

Sexto capítulo
Sobre la definición o el concepto del derecho: El lugar del tiempo

Después del recorrido desarrollado en los capítulos anteriores, podemos volver a la idea central de este libro: el tiempo es un componente del derecho en un sentido profundo. El derecho sin tiempo es inconcebible. No solo se trata de que el derecho regule nuestras conductas respecto del tiempo o que sus normas jurídicas se apliquen dentro de unos lapsos temporales específicos, sino que el derecho no puede existir sin referencia a una manera específica de concebir el tiempo.

Conviene llevar a cabo un análisis extenso y profundo acerca de cómo se puede leer el tiempo en las diferentes teorías acerca del derecho. Este ensayo no tiene esos alcances inmensos, pero intentaré mostrar algunas implicaciones o interpretaciones posibles que podrían seguirse de las elaboraciones teóricas de algunos autores paradigmáticos, para este caso, dos positivistas –Kelsen y Hart– y dos realistas –Ehrlich y Ross–. El hecho de ser más conscientes acerca de la importancia del tiempo en los órdenes jurídicos nos da una imagen más completa del derecho y de las teorías que tratan de explicarlo, prescribirlo o constituirlo.

Hans Kelsen

Para Kelsen, el derecho es la regulación de la conducta humana interrelacionada, es el sentido compartido acerca de un determinado orden social. No hace parte del mundo del ser sino del deber ser. Kelsen deja claro que el ser hace parte del espacio-tiempo (un conjunto de hombres desarrollando ciertas acciones materiales), en tanto que el deber ser hace parte de ese sentido acerca de la validez de ese orden (el significado de esas acciones como derecho válido para esos hombres). En principio, ese orden se encuentra en las mentes de todos aquellos vinculados por ese derecho en general. Ese orden se concreta en normas jurídicas generales o individuales que crean un deber y que, según Kelsen, permiten interpretar esos actos materiales como actos jurídicos. Esta perspectiva no es objeto aquí de reparos.

No obstante, el derecho en general en cuanto sentido compartido supone un cierto acto intelectivo, una cierta presencia en las mentes de las personas por él vinculadas. La presencia de ese sentido, ya sea que se la afirme como psicológica o social, hace parte del mundo del ser y, por tanto, existe en el tiempo. Ese sentido compartido se construye en el tiempo, se incorpora en las mentes de los destinatarios del orden jurídico específico y hace parte de la formación o la información que se integra a las neuronas de los obligados. Nada de esto desdice que el derecho consista exclusivamente en un deber ser en el modelo kelseniano, esto es, en un sentido que unos determinados hechos adquieren para el derecho. Lo que se quiere decir aquí es que existe una conexión necesaria entre ser y deber ser –nada contrario a la teoría kelseniana– en cuanto la eficacia del orden jurídico conduce a presuponer que sus destinatarios de alguna manera comparten ese orden, y ese compartir, es una dimensión fáctica pues supone interacciones propias del mundo del ser. En tanto fáctica, esa dimensión implica un transcurrir del tiempo respecto del derecho; y claro, una configuración del derecho que se despliega en el tiempo. Esta dimensión temporal del derecho es diferente de la vigencia como la temporalidad más explorada del derecho, pues no se refiere al estudio de los tiempos en los que una norma se encuentra en vigor.

Como ya se expresó arriba, hacer explícita esta dimensión del tiempo en relación con el derecho permite preguntarse por los procesos de formación de ese sentido compartido acerca de un orden que conduce a que ciertos actos o hechos sean interpretados como derecho por los miembros de esa comunidad jurídica. Más allá de la inmediatez de la expedición de una norma jurídica, la formación de ese sentido compartido supone la configuración de esas sujeciones jurídicas que el derecho crea. Ese proceso da lugar a que nos preguntemos: ¿cuánto tiempo tardan en formarse ciertas sujeciones jurídicas –en la mente de los destinatarios– para que ese sentido compartido emerja y se consolide?, ¿ese tiempo es variable dependiendo de qué factores, en cuáles contextos y por cuáles condiciones?, ¿qué implica ser conscientes de que somos forjados en el tiempo como parte de esas sujeciones?, ¿cómo emergen, se consolidan o se disuelven esas sujeciones jurídicas de acuerdo con tiempos más prolongados o cortos?, ¿cómo ha sido el proceso de formación de sujeciones jurídicas en un Estado débil o en formación como lo es Colombia?, ¿los procesos de formación de esas sujeciones cómo difieren de unos órdenes jurídicos a otros?, ¿cómo se crea en la realidad material un sujeto jurídico?, ¿qué da lugar a que nos sintamos sujetos a una norma jurídica? Y algunos reversos: ¿cómo entender estos procesos en los casos generalizados de anomia, anarquía, resistencia o subversión respecto de las normas jurídicas?

Probablemente, la sujeción jurídica tenga como trasfondo una concepción amplia del derecho en la cual se asume que este es solo una parte de un orden social, históricamente situado. El libro *La verdad y las formas jurídicas*, de Michel Foucault, es útil para comprender que el derecho no es una constante histórica que podamos simplemente tomar de los antiguos como si ellos fuéramos nosotros. Este es un error, ya sea que provenga de la idea de un tiempo lineal en el cual los sucesos del pasado se encadenan linealmente en una sumatoria progresista, o que se derive de una concepción cíclica del tiempo habitada por repetidos *déjà vu* en los que experimentamos constantemente experiencias ya vividas. A diferencia de la historia, la poesía a veces sostiene esas identidades, ya sea el Walt Whitman de *Hojas de hierba* que se siente todos los hombres al mismo tiempo o el Borges que pervierte la alteridad, así: "Nuestras nadas poco difieren; es trivial y fortuita la circunstancia de que seas tú el lector de estos ejercicios, y yo su redactor" (Borges, 1969, s. p.).

Un determinado orden jurídico y los sujetos jurídicos que le son correspondientes son formaciones tan específicas como irrepetibles. Nuestro marco de entendimiento jurídico es dependiente de nociones como la culpa, la individualidad, la distinción entre ser y deber ser, la infracción y tantas otras. En la Edad Media se imponían deberes jurídicos a los animales y se los juzgaba por ellos; en la carta magna de 1215 se hacían compromisos con los antepasados muertos; en la antigüedad se sancionaba a las personas por comportamientos prohibidos por leyes posteriores (una aplicación retroactiva de la ley penal). Estas no son expresiones delirantes de rutas culturales equivocadas. Eran formas de órdenes muy reales que daban sentido a esas formas de vida específicas. El sentido compartido acerca de un orden era diferente y la distinción entre el presente, el pasado y el futuro no era la que tenemos hoy. Lo dicho no niega nuestras "irracionalidades" actuales, por supuesto; basta al lector recordar la nada infrecuente práctica de "sacrificar" animales –dar muerte a ellos–, por ejemplo, perros que tuvieron algún comportamiento agresivo con una persona.

Pero no solo el sentido compartido acerca de un orden implica una dimensión temporal del derecho en el positivismo formulado por Kelsen, que va más allá de la vigencia como la entendemos cotidianamente. Para Kelsen el derecho en las sociedades contemporáneas se configura como un sistema jerárquico escalonado de normas ordenadas por cadenas de validez descendentes o ascendentes, según se mire. En otras palabras, el derecho no tiene una estructura plana. Ello dio lugar a la famosa "pirámide jurídica" kelseniana diseñada por Adolf Merkl, una manera de dar cuenta de la "dinámica jurídica", que es presentada como un sistema de autorreproducción normativa, es decir, de normas que producen otras normas escalonadamente. Obviamente, esa producción normativa es efectuada por autoridades o simples personas reales que aplican y crean el derecho. En este sentido se trata de una actividad material que transcurre en el mundo fáctico sometida a los condicionamientos espaciotemporales. Toda aplicación presupone una interpretación, al decir de Kelsen. Pues bien, la dinámica jurídica es una actividad normativa que transcurre en el tiempo. No es solo un ejercicio lógico jurídico que explica un sistema estático, sino que implica la dinámica material de creación de nuevas normas jurídicas, una creación que ocurre de manera permanente y numerosa, y que obliga muy a menudo a retroceder en el tiempo jurídico –no siempre es así, como puede verse en otros apartes de este libro– para buscar una validez siempre superior hasta llegar a su famosa norma fundamental. La dinámica jurídica en su dimensión fáctica se desarrolla en el tiempo y es distinta a la vigencia como rasgo temporal clásico del derecho: se trata de autoridades que producen normas, pero también se trata de normas que crean a esas autoridades (Bobbio, 1990).

Tomemos como referente de la dinámica jurídica la interpretación de los actos materiales (conductas humanas) como contenido del derecho. Kelsen se indaga: ¿qué permite interpretar esos actos como actos jurídicos? La respuesta es bien conocida: la referencia al derecho objetivo como el tipo de normas que regulan la conducta de las personas y, en último término, su norma fundamental. Kelsen no hizo en este punto particular referencia al tiempo. Sin embargo, tomarlo en cuenta pareciera no solo compatible sino, quizá, necesario. En cuanto sentido compartido acerca de un orden, el derecho opera como un organizador del tiempo social, como un temporizador de nuestras vidas y como un coordinador de nuestras conductas vistas en general. Los actos son susceptibles de ser interpretados como jurídicos por referencia al tiempo que el derecho impone. Esos actos son continuos, están relacionados y hacen parte de una serie –temporal– porque el derecho crea ese sentido compartido, y ese orden, inexorablemente, es tiempo.

El derecho sincroniza a los ciudadanos, las autoridades, los sujetos jurídicos, los acontecimientos, etc., e incorpora sus actos en la inteligibilidad del tiempo jurídico, que no es lo mismo que un tiempo natural sino la dimensión del deber ser normativo. Para nosotros los abogados el derecho constituye el marco de localización temporal de muchos aspectos de nuestras vidas, de no contar con sus referentes temporales nuestro relato acerca de nuestras actuaciones con significado jurídico estaría poblado por toda clase de anacronismos. En cuanto temporizador el derecho es el vínculo de todos los relojes, los calendarios, los almanaques, incluso de los relojes o ritmos corporales, de la producción económica, de las mediciones y estimaciones científicas. Vincula los que coinciden con sus preceptos, confirmándolos; vincula los errados, rechazándolos. El derecho es el reloj de una sociedad, entendida esta como ordenada jurídicamente.

Herbert Hart

Hart, otro positivista paradigmático, hace un esfuerzo por formular su teoría del derecho a partir de una conexión entre el derecho y la realidad. Es una teoría con una estructura zigzagueante que aparentemente va del derecho al mundo de los hechos y retorna al derecho. Hart habla de un "nuevo punto de partida" para dar cuenta del derecho que no asuma ni el imperativismo ni el realismo, que descalifica como perspectivas fracasadas si se trata de explicar la naturaleza del derecho. Es sabido que Hart afirma que el derecho consiste en la unión de reglas primarias y secundarias. Si bien algunos de los aspectos de su influyente modelo para pensar el derecho guardan relación con el tiempo, como por ejemplo acontece con sus reglas de cambio, me gustaría concentrarme en las relaciones entre los órdenes jurídicos de la metrópoli y de sus colonias.

De tal manera, conviene centrar la atención sobre Hart en dos aspectos de su propuesta usualmente no muy atendidos en la teoría del derecho. El primero de ellos se refiere a lo que él denomina como la "patología de un sistema jurídico", en cuyo campo incorpora sus opiniones sobre el desacatamiento más o menos generalizado de las normas jurídicas. La mayor desobediencia conduciría a concluir que bajo ciertas circunstancias el "sistema jurídico" carece de una eficacia razonable y que, por tanto, no existe. Hart afirma que la variedad de maneras en que ello puede ocurrir pertenece a la "patología" de los sistemas jurídicos: la revolución, la ocupación enemiga, la anarquía o el bandolerismo. También considera las rupturas transitorias: gobiernos en el exilio, retornos temporales, entre otros. Todas ellas son presentadas como alteraciones de las "condiciones normales". Hacia el final de sus consideraciones, aborda el tema que en particular me interesa: el de los "fascinantes momentos de transición cuando un nuevo sistema jurídico emerge del seno de uno anterior, a veces sólo después de una operación cesárea". Analiza en concreto el Commonwealth, y la "embriología" de los sistemas jurídicos de las colonias. Su trabajo en este punto consiste en describir los pormenores de esas transiciones jurídicas que van del dominio británico a la liberación de la colonia: Hart entiende que la regla de reconocimiento se desplaza de la metrópoli a la "excolonia".

Ahora bien, el lenguaje hartiano no puede ser más colonialista: Commonwealth vs. colonia, Inglaterra vs. gobierno "local", "colonia independiente de la madre patria", posibilidad de "reconquistar". Más allá del lenguaje, la imagen global de una ruptura generada por una colonia que se levanta en armas contra el Estado colonialista no le merece al autor británico de la Universidad de Oxford ningún comentario. Cabe recordar que, para el año de publicación de *El concepto de derecho*, el colonialismo ya había sido denunciado décadas atrás y sus horrores visibilizados, especialmente para un profesor de la Universidad de Oxford profundamente crítico, quien reclamaba que el derecho no podía ser concebido desde el imperativismo -qué cerca está este término de la palabra "imperio"- ni aceptada una teoría tan formalista y neutral como la kelseniana. Pasemos a otro punto de la obra de Hart y luego abordo el tema del tiempo.

Conectada con esta asimetría epistemológica, política, cultural y económica, que Hart no critica en esta obra mientras se pregunta cuándo nos encontramos ante un sistema jurídico y cuándo no, se halla su manera de situarse -y referirse- a lo que él -no solo él- llama "sociedades primitivas". En el mismo capítulo en el que promete un nuevo punto de partida para entender el derecho, Hart está tratando de demostrar que debemos distinguir entre el punto de vista interno (el de quien se encuentra sometido al orden jurídico, que lo comparte) el punto de vista externo (el del observador que lo mira desde fuera sin estar sometido a él), y entre las reglas primarias y las secundarias. Le interesa en particular demostrar la existencia y la importancia de las reglas de reconocimiento. De acuerdo con su perspectiva, las sociedades primitivas carecen de ellas. Esas sociedades solo se regulan por reglas primarias. Hart no explica qué entiende por sociedades primitivas, pero declara que esas reglas "aparecen en las sociedades primitivas que conocemos" y dice apoyarse en "muchos estudios de comunidades primitivas". Hart no cita estudios etnográficos o antropológicos acreditados, pero no sería extraño que los mismos estuvieran afectados por un sesgo de superioridad cultural y eurocentrismo dada la época y el lugar en que su texto fue concebido.

Hart asume que su concepto de derecho es un libro en el cual el derecho se comprende como un fenómeno social, enfocado desde la "sociología descriptiva". Sin embargo, al recorrer sus páginas se echa de menos ese carácter sociológico prometido, salvo que algunas referencias a Rex I, el parlamento inglés y la reina puedan ser tenidas como contentivas de elementos de una sociología descriptiva. Más allá es imposible conectar su concepto del derecho con algún tipo de realidad que nos permita adquirir una sociología descriptiva. Menos aún si carente de cualquier base etnográfica o antropológica acreditada afirma lo que afirma y ve, como ve, a las "sociedades primitivas" y a las colonias y excolonias de Inglaterra.

Ahora bien, estas consideraciones me interesan solo para plantear aquí otra vez un aspecto acerca del tiempo en el derecho que está por ser analizado en el marco de la teoría jurídica: la construcción unitaria de un orden jurídico. La idea central usualmente se halla más tratada en la teoría del Estado y en la ciencia política que en la teoría del derecho, y afirma, de la mano de autores como Max Weber, Charles Tilly o Eric Hobsbawm, que el Estado es el resultado de centralizar o monopolizar una serie de recursos. Asumamos que lo mismo ocurre con el derecho, esto es, que en el proceso de construcción de los Estados modernos el orden jurídico se unifica y se convierte en un orden centralizado. De manera inversa, y recurriendo a Foucault, diríamos que el Estado, la soberanía y el derecho son el resultado de procesos de aglutinación de poderes o micropoderes dispersos, los cuales de manera ascendente configuran eso que hoy llamamos Estado, o también, derecho.

En el caso particular del Estado nación, ese proceso de construcción implicó la unificación que simultáneamente condujo a excluir, eliminar, expulsar o someter alternativas en competencia con el proyecto nacional. El Estado nación, en su propio proceso de emergencia y en el de la construcción de su derecho unitario, centralizado y aplicable a la "periferia" de ese centro, eliminó lo que se ha llamado la poliarquía jurídica, una suerte de diversidad jurídica que bien podría ser expresada como pluralismo jurídico, si el pluralismo jurídico no pareciera sentirse parte de un derecho unificado o mantuviera expectativas de serlo, en cuanto suele buscar la integración.

Así las cosas, los fragmentos tomados del texto de Hart son funcionales desde el punto de vista de la teoría del derecho para la construcción de los Estados nación, para el caso de Inglaterra, en su posición de metrópoli. La manera como Hart se refiere a las colonias y a las sociedades "primitivas" refleja muy bien la manera como una metrópoli ve y trata a sus colonias o a esas sociedades primitivas. Esa manera de verlas y tratarlas es una combinación de extrapolación cultural, eurocentrismo, exotismo, primitivismo, subdesarrollo y asimetría. Hart no se esfuerza en pensar que quizá existe una correspondencia entre el tipo de sociedad y el derecho que le es necesario. El sometimiento es invisibilizado y, en su lugar, se presenta una comparación en la cual pierden las culturas primitivas.

Ahora bien, ¿y todo esto qué tiene que ver con el tiempo? Pues mucho. Hay bastantes cosas por decir y analizar. Pero me limito a afirmar que cada cultura, cada sociedad, construye su propia manera de concebir el tiempo, como bien lo podemos constatar en Grand Ruíz (1981) y Lippincott (2000). Cada manera de ver y entender el tiempo es propia de cada cultura diferenciada. En la lucha por la construcción del Estado nación también se lleva a cabo una lucha por la manera de concebir el tiempo que será dominante, y el proyecto unificador tiende a menudo a imponer como universal la manera de concebir el tiempo de la cultura dominante. Este proceso implica el uso de violencia física, subordinación política, imposición cultural y simbólica, desplazamiento epistemológico, exigencia de comunicarse en la lengua de la cultura centralizadora, entre otras. El tiempo o, mejor, la manera de concebirlo, de medirlo, de administrarlo, de distribuirlo, es definido por esos factores que también usa e impone la cultura dominante.

La construcción del Estado nación supuso la subordinación, el exterminio, la prohibición o la simple marginación de las diversas y plurales maneras de concebir el tiempo de numerosas culturas a las cuales se les impuso el proceso de centralización y unificación en todo el mundo, con frecuencia por el poder avasallador y expansivo de Occidente y sus formas de organización: el Estado y su derecho. Usualmente el tiempo centralizado no es una suerte de síntesis de los múltiples tiempos que coexistían antes y se enfrentaban. Aun si coexisten, los tiempos alternativos quedan subordinados al tiempo central. El tiempo centralizado es una manera muy concreta de concebir el tiempo y se lo usa como mecanismo para subordinar las culturas o sociedades dominadas. Una parte esencial del sometimiento es desestimular los tiempos propios de los subyugados.

Las culturas primitivas y las colonias, como las llama Hart, son también la expresión perdedora de esas batallas por la unificación forzada del tiempo. En un contexto histórico real previo al Estado nación, y concomitante con él, lo que hoy es Europa –y el mundo– debe ser percibido como habitado por una diversidad cultural y social que impedía una noción única del tiempo manifestada en una sola manera de concebirlo y medirlo. No había un tiempo nacional y mucho menos universal. Había tiempos múltiples, desiguales e incompatibles. Las luchas militares, políticas, económicas, sociales y culturales implicaban igualmente una lucha por el tiempo en cuanto los emperadores y monarcas absolutos ganadores de esas guerras de construcción del Estado moderno no podían vivir en el tiempo disperso y discorde de los pueblos sometidos. El tiempo del imperio, sea militar o mercantil, no admite fácilmente tiempos competidores. En la perspectiva de los constructores del Estado nación, en la perspectiva de los órdenes imperiales, en último término, en la manera como se construye el Estado moderno y, sobre todo, el Estado contemporáneo, en la idea del orbe, los tiempos dispersos y múltiples fueron inaceptables. La unificación del tiempo es en parte un acto violento y de conquista que trajo como efecto borrar la riqueza cultural que fue sacrificada con la construcción de un único orden mundial como el que hoy tenemos. Podría imaginarse que algo así pasaba por la cabeza de Martial Bourdin al atacar Greenwich.

Ahora bien, el orden jurídico es uno de los medios a través de los cuales ese proceso de unificación violenta se produce. La pregunta en este punto es si es posible revisar el papel del derecho en la construcción del orden jurídico mundial y buscar perspectivas y acciones encaminadas a encontrar los mecanismos a través de los cuales se construyó un único tiempo mundial; así mismo, preguntarnos si es posible visibilizar y restituir la riqueza casi perdida de las alternativas culturales y sociales al tiempo único universal. Un par de preguntas puede orientar las reflexiones: ¿cuáles fueron las condiciones de posibilidad que dieron lugar a este proceso de unificación del tiempo por la vía de la intervención jurídica?, ¿es posible y tiene sentido restituir las concepciones del tiempo marginales y perdedoras?

Hart es un autor brillante que construyó un modelo muy valioso para explicarse el derecho, especialmente en el ámbito anglosajón. No obstante, hay aspectos de su teoría que merecen ser criticados a razón de los efectos que implicaban de cara a un derecho emancipador, especialmente si Hart sostiene la idea de que los órdenes jurídicos se encuentran fundados en unos valores o derechos mínimos racionales.

El realismo jurídico

Ahora demos una mirada igualmente rápida a la segunda perspectiva también muy influyente acerca de las explicaciones sobre el derecho: el realismo jurídico. Es sabido que el realismo jurídico contribuyó de manera decisiva al surgimiento de la sociología del derecho, con lo cual hizo aportes claves para una comprensión mucho más completa acerca de la experiencia jurídica. El realismo jurídico es una constelación diversa de enfoques, pero, en general, parecieran compartir ideas como las siguientes: el derecho surge de la sociedad misma como resultado de sus interacciones y prácticas cotidianas más o menos extendidas, y no de las formalidades estatales –derecho positivo o "árido formalismo legal"– ni de las ideas ilustradas. En tal entendimiento el derecho es un conjunto de prácticas y sentidos materiales que emergen de la sociedad y son fijados por jueces, juristas y las partes de un proceso judicial, susceptibles de ser descritos a través de la sociología jurídica. Como producto de la actividad social cotidiana la efectividad es el factor esencial del derecho, esto es, la idea de su vigencia verificada en la experiencia y la vivencia jurídica diaria. Los realistas suelen rechazar la idea de un derecho único impuesto verticalmente desde el Estado y reivindican que al ser una creación social que surge desde abajo el derecho responde adecuadamente a las dinámicas y necesidades sociales.

Para los realistas el derecho no se capta adecuadamente en la abstracción jurídica sino, especialmente, en la experiencia real de casos concretos, a menudo resueltos por el juez. Karl Olivecrona sintetizaba esta perspectiva en su famosa publicación *El derecho como hecho*. Una de sus ideas centrales sostiene que las normas jurídicas abstractas solo son relevantes si al interpretarlas se toma en cuenta la realidad concreta a la que habrán de ser aplicadas. Más aún, el derecho no es el derecho positivo sino la interpretación que se haga de él, determinada por variables psicológicas y sociales, de tal suerte que el derecho no se encuentra esencialmente en los códigos, sino en la realidad, que es aquello que se debe estudiar para conocerlo.

Así pues, el derecho es una porción de la realidad y, por tanto, es localizable en las coordenadas del espacio-tiempo. No discutiré estas perspectivas acerca del derecho. Lo que llama la atención es que, si el derecho es realidad fáctica localizada en el espacio-tiempo, los realistas se hayan ocupado nada o casi nada del estudio del tiempo en el derecho o, de otro modo, del tiempo como parte de la realidad que condiciona ese derecho que ellos creen ver en ella. ¿Cómo fue posible que el tiempo no hiciera parte de sus reflexiones compartidas? Incluso, si encontrásemos alguna mención tangencial acerca del tiempo en el derecho, la insuficiencia es palmaria al comparar cómo el asunto del tiempo impactó de manera tan decisiva las sociedades occidentales entre la segunda mitad del siglo XIX y la primera mitad del siglo XX, periodo para el cual los realistas construyeron sus perspectivas. No se esgrime aquí una crítica a los realistas respecto del tiempo de esas en las que el crítico incurre en el anacronismo de exigir que los estudiosos estén obligados a percibir el mundo sobre la base de ideas que solo aparecieron en su futuro. Por el contrario, lo que se extraña aquí es que el problema acerca del tiempo y los cambios que produjo la cronoindustria parecían bastante notorios para la época en la cual ellos formularon sus famosas teorías y, sin embargo, no parecieron notarlo y hacerlo parte de sus publicaciones centrales. Volvamos brevemente sobre estos asuntos ya vistos atrás para evidenciar lo que los realistas pasaron por alto.

En efecto, de acuerdo con Jacques Attali, el siglo XIX presenció en Europa y Estados Unidos cambios muy importantes expresados usualmente en la producción industrial, las comunicaciones y las telecomunicaciones. Estos cambios fueron generados como consecuencia de los cambios científicos y tecnológicos relativos a las nuevas maneras de entender y medir el tiempo. La invención de diversas máquinas como el ferrocarril, el telégrafo, la electricidad aumentó la velocidad de las relaciones, los intercambios de bienes, el desplazamiento masivo de las personas. Todos esos cambios generaron importantes modificaciones en las vidas cotidianas de los individuos y las sociedades, y se expresaron en la aceleración y la sensación de que el mundo era más pequeño. El aumento de la velocidad trajo consigo un proceso de integración de áreas geográficas mayores en un tiempo menor. Como consecuencia, para estas sociedades se volvió un problema muy serio la multiplicidad de las maneras de concebir y medir el tiempo, todo lo cual variaba no solo de un país a otro sino de una ciudad a otra. La nueva integración geográfica resultaba incompatible con la desintegración temporal que, en Estados Unidos, al parecer se evidenciaba en más de ochenta horas diferentes para el conjunto de líneas de ferrocarriles, lo que hacía difícil lograr coincidencias acerca de la hora única y exacta en todo el territorio.

Esta dispersión afectaba todo lo que se proponía el nuevo orden en desarrollo: las relaciones comerciales, laborales, de transporte, los acuerdos legales, las horas judiciales, la celebración de los contratos y su cumplimiento, los intereses derivados de una deuda. La ciencia misma alineada con esos propósitos buscaba, sin lograrlo, un acuerdo acerca de algo que hoy vemos tan natural como qué hora exactamente era en alguna parte y que representara con unanimidad el parecer de los científicos y las personas del común. Para aquel entonces todos suponían que el tiempo era algo universal y único que sonaba en tics tacs regulares en cualquier parte del universo. A pesar de ello, los relojeros expertos medían el tiempo, pero se trataba de aquel tiempo disperso en las atalayas de las torres de las iglesias, en las péndolas de los muelles, en los edificios públicos, en las estaciones de los ferrocarriles y en las casas. Medían un tiempo disperso y discorde. No era posible establecer qué hora era en un mismo momento. Tampoco era sencillo estar a tiempo para algún compromiso si se trataba de una distancia considerable.

Como ya se dejó claro antes, a finales del siglo XIX, para superar este problema, se buscó unificar el tiempo mundial. El propósito era que la hora fuera la misma en cualquier lugar del mundo, para lo cual era imprescindible crear una convención al respecto que se correspondiera con ese único tiempo universal. Después de muchas reuniones y propuestas, se acordó dividir el planeta en los husos horarios que todos conocemos, veinticuatro en total, cada uno de quince minutos, y definir un meridiano como estándar global: el meridiano de Greenwich. El invento de la electricidad unido a estas convenciones y otros desarrollos hizo sonar un tiempo convencional único en cualquier parte del planeta. Los detalles de todo esto no importan.

Lo que sí interesa aquí es que los realistas del derecho no captaran como central este aspecto de la realidad en la cual se producía el derecho. Si el derecho se produce en un determinado espacio-tiempo sobre la base de las acciones e interpretaciones humanas, la verdad es que los realistas apenas notaron que el tiempo era relevante para el estudio y la comprensión del derecho y para dar cuenta de los cambios de las sociedades que ellos tenían como una incontrovertible fuente de producción jurídica. Ello es curioso porque Émile Durkheim se ocupa de él en sus reflexiones constitutivas de la sociología. Otras ciencias también lo hicieron; no así la ciencia del derecho que prometía, ahora sí, ocuparse de la realidad. La verdadera. Los libros de los realistas están llenos de litigios, partes, acciones, magistrados, jueces, causas, la nación, el pueblo, las instituciones y organizaciones, la verdad, las costumbres, los intereses, la vida, lo vivo, el derecho concreto y demás. Pero no de tiempo.

A mi juicio, los realistas pudieron interesarse en describir el tiempo como factor cultural diferenciado que tenía implicaciones en materia del tiempo jurídico. Si los realistas distinguían un conjunto importante de etnias y grupos culturales diferenciados que convivían en un mismo territorio y bajo un mismo orden jurídico nacional o imperial, pudieron preguntarse más centralmente acerca de sus diferentes concepciones temporales y la manera como ellas eran relevantes jurídicamente. Más allá de las culturas diferenciadas, sus preocupaciones acerca de las familias, las fábricas, y en general, las organizaciones, debieron generarles interés sus tiempos específicos. Una sociedad europea en proceso de integración alrededor del reloj jurídico nacional pudo ser parte de su objeto de estudio. Según Attali, la cronoindustria siempre cambió el mundo y el siglo XIX fue un período en el cual el cambio fue más abrupto y visible.

Es posible, sin embargo, inferir del realismo jurídico algunas perspectivas amplias acerca del tiempo. Pero dado que los realistas jurídicos son un grupo tan heterogéneo, sus nociones de tiempo son dispares. Tomemos como referentes de esta disparidad dos autores muy relevantes para el realismo: Eugen Ehrlich, clave por su construcción del derecho vivo y fundador central de la sociología del derecho, y Alf Ross, celebrado por su capacidad crítica tanto del positivismo como del realismo jurídico y su acreditada sistematización para pensar el derecho.

Eugen Ehrlich

La obra de Ehrlich no se ocupa del tiempo de manera central, pero sus ideas básicas implican una determinada manera de valorar el tiempo, en particular, la importancia que para su obra representan el pasado, el presente y el futuro. Aunque su obra es extensa, sus líneas nucleares pueden enunciarse así: un rechazo a la idea del derecho como un sistema formal y cerrado de normas jurídicas expedidas por el Estado; el derecho es una dispersión normativa que emerge de fuentes diversas muy asociado a las organizaciones sociales en constante imbricación con la obra de los juristas y las decisiones judiciales; el juez debe crear el derecho ("jurisprudencia creativa") como efecto de la previa investigación sociológica libre (lo cual exige conocer muy bien la sociedad a la cual se ha de aplicar), que supone tomar en cuenta el derecho legalista del Estado, pero solo como un límite para el ejercicio de la actividad judicial; el derecho no es un sistema acabado, sino siempre en proceso de formación, y el juez debe encontrar el derecho en el orden social tradicional al tiempo que lo hace avanzar con sus decisiones, a fin de crear el "derecho correcto"; la tradición jurídica es un producto de larga duración configurado por los pronunciamientos judiciales respecto de casos concretos que dan lugar a unos principios que pueden ser objeto de generalización científica; una determinada disposición jurídica legalista de origen estatal tiene poca relevancia jurídica porque depende de lo que ella signifique en las culturas u organizaciones de recepción; además, esa disposición jurídica es incapaz de contener todos los casos posibles al momento de su aplicación; el derecho no es solo el derecho decisionista, sino que también es derecho la manera específica como se encuentran organizadas las instituciones sociales ("derecho organizador"), esto es, la propiedad, los contratos, la familia, los gremios, etc., que recoge lo que históricamente se conoce como el derecho de los juristas y que, a su juicio, es simultáneamente técnica del derecho y norma jurídica; este derecho organizador no lo produce el Estado, sin embargo, el Estado "funcionarial" se impone por la fuerza a esas organizaciones.

Para Ehrlich el orden jurídico se configura por varios componentes. Un derecho estatal, un derecho que proviene del pueblo y un derecho judicial. De acuerdo con Ehrlich, el derecho estatal –imperial, en su natal Austria– es fundamentalmente obra del legislador materializada en las leyes, resultado de las codificaciones, especialmente del derecho romano antiguo, el cual se presupone pleno, universal y coherente. Es el derecho de los filósofos ilustrados del siglo XVIII. El derecho consuetudinario o social lo entiende como un derecho producto cultural y social de larga duración acunado en los grupos sociales, las etnias y las organizaciones que lo producen y en el aporte del derecho de los juristas; se trata del derecho vivo, y como tal es susceptible de ser captado a partir de regularidades sociales, investigables a través de las lentes de la nueva ciencia, la sociología del derecho. El derecho vivo sería la base del derecho legislado y del derecho judicial decisionista, pero igual puede y suele alejarse de ellos, especialmente del derecho legislado. El derecho del pueblo es el verdadero derecho y se halla averiguando qué es aquello que el pueblo –y no el Estado– consideran jurídicamente vinculante. El derecho judicial es el que emerge de los pronunciamientos judiciales, formulado en el estudio de casos concretos respecto de los cuales tienen los jueces que decidir, en parte sobre la base del derecho legislado y siempre tomando en cuenta el derecho vivo.

Esta perspectiva de Ehrlich acerca del derecho asigna a sus componentes tiempos diversos e interdependientes que son útiles para justificar la jerarquía que él defiende. A su entender el Estado es una institución relativamente reciente, precedida tanto por la existencia del derecho romano, público y privado, como por el derecho social vivo. El derecho social vivo es la fuente también histórica del derecho estatal, por lo menos parcialmente; también lo es del derecho judicial y del derecho de los juristas. En la concepción de Ehrlich el derecho social precede en el tiempo y es la fuente de los otros componentes de lo jurídico.

Con algunas dubitaciones y condicionamientos, Ehrlich pareciera entender la relación entre tiempo y derecho así: existe una línea de tiempo en la cual emerge primero el derecho social vivo en interacción constante pero puntual con el derecho judicial decisionista, seguidos por la expedición del derecho estatal legislado. Para esta línea de tiempo la relevancia del derecho romano público y privado, si bien es previo en el tiempo, depende de los procesos de codificación e imposición estatal. Además de ello, su lugar en la jerarquía depende de la manera concreta como se lo recepciona y usa en cada contexto social material específico.

No es fácil defender esta perspectiva. Pareciera que el origen historicista y romántico de las tesis de Ehrlich condiciona su argumentación. Para sacar adelante su concepción acerca de la primacía del derecho social por sobre el estatal en defensa de su pluralismo jurídico, pareciera concebir el orden social y sus instituciones como el resultado de una emergencia aislada sin interacciones o con pocas de ellas. En la propuesta de Ehrlich la sociedad emerge sola y el Estado, el derecho romano y los pronunciamientos judiciales son influjos externos, extraños e incongruentes con ese orden social naturalizado. La propuesta de Ehrlich es de un conservadurismo recalcitrante, en tanto al describir no entiende que está prescribiendo una cierta congelación del orden social que aparece como preservado por sus posturas. El orden social de las pequeñas comunidades que constituyen el entorno experiencial de la Austria en la cual construyó sus tesis.

Para Ehrlich, el tiempo social fundamentalmente es pasado (consuetudinario, organizacional, cultural) enfrentado a la imposición reciente del Estado funcionarial y legalista. Debemos recordar que ese Estado funcionarial y legalista no solo eran monarquías e imperios, sino también el Estado de derecho que defendía los valores de las revoluciones liberales. En cambio, la labor judicial es esencialmente confirmatoria y de reactualización permanente del orden social ya dado. El judicialismo realista –hasta el día de hoy– está convencido de que el juez va un paso adelante y es el garante de un buen orden social, como si los jueces no hubieran participado activamente también de totalitarismos, dictaduras, hundimientos de las democracias o, incluso, de sostener el orden monopolizador capitalista. Ehrlich acepta el progreso lento, no brusco. La libertad aparente del juez para investigar el derecho vivo es casi lamentable: si bien tiene el mérito de cuestionar el orden estatal, su alcance es bastante pobre, solo es confirmador, se trata de expedir fallos cuya investigación solo es verificadora de lo que el orden social ya es. Se trata de un papel judicial muy lejano a lo que hoy esperarían muchos defensores del juez activista: un conservadurismo de un derecho de instituciones sociales que debe respetarse y mantenerse.

Los tiempos que Ehrlich asigna a cada componente del derecho no parecen congruentes con la realidad: pareciera reducir el Estado a una aparición casi súbita que no encaja con los largos procesos de construcción estatal europea descritos cuidadosamente por diversos autores. Ese Estado construido al menos desde el siglo XV guarda intensas interacciones con las sociedades europeas que constituyen la base fundamental del concepto de derecho que nuestro autor defiende. Dar a entender, como lo hace Ehrlich, que las sociedades europeas preceden al Estado en términos de tiempo es errado.

En cuanto al juez y sus decisiones tampoco debería Ehrlich entenderlo como un funcionario que de manera puntual se pronuncia sobre ciertos conflictos sociales a fin de restablecer la paz ocasionalmente perdida como consecuencia del actuar contrario al derecho vivo. Ese sin duda es su querer personal, pero la realidad histórica de los jueces es más compleja y parte de ella es descrita por Foucault al referirse a la historia de las justicias. Los jueces nunca fueron algo así como una voz formada en el seno de una sociedad, cuyo orden ha incorporado para sí y que se limita a proyectarlo en sus decisiones. Los jueces han sido una figura de saber y poder que ha regentado discursos acerca de la justicia y la verdad, basados en ciertos procedimientos; los jueces se han profesionalizado en su campo y han construido un saber experto que no es un espejo de la imagen de la propia sociedad. Los jueces, como el Estado legislador, también han construido orden social. No hay un juez que aparezca en momentos puntuales a decidir, ha habido jueces que han moldeado los órdenes sociales, económicos, culturales. No es solo el orden social el que le habla al oído al juez: al juez le hablan y le han hablado los juristas, los actores políticos poderosos, los medios de comunicación, los filósofos, los teóricos del derecho, los historiadores y, claro, también los vecinos, en fin.

Ehrlich ordena el tiempo jurídico en función de descalificar un tipo de normas jurídicas que le resultan molestas y para sobreponer a ellas un tipo de orden concreto -el término es de Schmitt- al que quiere dar la preeminencia propia de un orden jurídico. El orden social le resulta grato y ve en sus regularidades un derecho vivo. No obstante, habría que preguntar a Ehrlich qué porción de esa realidad romantizada es aquella que constituye ese orden valioso para darle valor jurídico; dicho de otro modo, habrá que llevar a cabo estudios sociológicos como los que él promueve para saber quiénes eran las víctimas de su defensa, aquellos que, probablemente, esperaban que ese orden idealizado no los oprimiese más y cuya esperanza de cambio quizá, solo quizá, era vehiculada por la vía de leyes y sentencias de ruptura, inspiradas probablemente en los denostados ideales ilustrados. El tiempo de la realidad y del derecho vivo de Ehrlich guarda el riesgo de ser un tiempo conservador y de cambio lento.

Alf Ross

Paso al segundo autor realista: Alf Ross concibe el tiempo de manera muy distinta a Ehrlich si se atiende a su manera de pensar el derecho. Ross entiende que el derecho pertenece al mundo de los hechos -en concreto, conductas humanas y actitudes e ideas relacionadas con ella- y que, por ello, es susceptible de estudios empíricos orientados por las ciencias sociales, particularmente la sociología y la psicología. A su entender, el derecho no consiste en un sistema de normas jurídicas establecidas como un deber cuya validez deriva de un principio de justicia establecido *a priori*, por lo cual, la filosofía jurídica no es la metodología correcta para describirlo en tanto no se trata de aproximarse a abstracciones.

Ross rechaza por igual las perspectivas realistas que le precedieron y las formalistas. A su juicio, el realismo ha querido demostrar que la validez del derecho es un fenómeno empírico de naturaleza objetiva, mientras que el formalismo, especialmente kelseniano, ha pretendido derivar la validez de abstracciones. Su propuesta consiste en rechazar tanto la objetividad de la validez fáctica de los realistas como la derivación lógica jurídica del formalismo. A su criterio, se trata de considerar que no existen concepciones de validez sino "vivencias de validez", que permiten entender que la validez es un fenómeno experiencial al que tomamos como algo objetivo. Se trata del valor simbólico de la validez, el mismo que es el resultado de procesos históricos. Estos procesos históricos dan lugar a unas variables vivencias jurídico-morales que resultan racionalizadas y conforman la realidad jurídica en una sociedad y en un momento dados.

Para Ross, las normas jurídicas son un esquema de interpretación para un conjunto correlativo de actos sociales, que él denomina "derecho en acción", lo cual permite entender esos actos en su significado y motivación como un todo coherente. Ross denomina esto como la coherencia interna de significado. Las normas jurídicas son obedecidas porque las personas las viven como obligatorias. Al someterlas al juicio de la sociología del derecho y la psicología, los actos sociales son susceptibles de ser predichos hasta cierto punto. La ciencia jurídica se refiere a hechos y, por ello, es una ciencia predictiva. Ross afirma que se puede llevar a cabo un *test* de vigencia jurídica de tal suerte que sea predecible hasta cierto punto cómo ha de fallar un juez un caso concreto, en cuanto el juez actúa como una respuesta a una serie de condiciones determinadas por las normas jurídicas. Enfatiza, también, que la vigencia de una norma jurídica depende de los hechos sociales, por lo cual no es válida autónomamente. Pero las normas jurídicas están dirigidas al juez y no a las personas, pues son directivas para fallar, de tal suerte que una norma es vigente solo si el juez aplica la sanción que ella conlleva. Ross entiende la paradoja que trae consigo esta perspectiva: es indiferente que los súbditos observen o no la prohibición, ello no define la vigencia, solo la define la aplicación judicial; de tal manera que una norma profundamente acatada socialmente no nos permite saber si está o no vigente, pues los jueces no tendrán oportunidad de pronunciarse sobre ella.

Ross defiende que la ciencia del derecho se refiere a hechos, y reclama que se la reconozca como una ciencia de lo empírico capaz de formular predicciones respecto de su objeto de estudio. Tales predicciones se refieren solo a los pronunciamientos judiciales. Nuestro autor puntualiza que, si alguien pregunta por el derecho vigente en este instante, "indudablemente" lo que quiere saber es cómo serán decididos los casos en el futuro por los tribunales; tampoco interesarán las reglas que esos tribunales hayan seguido hasta entonces, sino las que llegaren a aplicar en el futuro. Más extraño aun: según Ross, un enunciado sobre el derecho vigente de la actualidad no se refiere al pasado; pero tampoco se refiere al futuro.

Con lo expuesto, la conclusión que se puede extraer es una perplejidad: los enunciados que se refieren al derecho vigente de hoy tienen que ser entendidos como enunciados que aluden a decisiones futuras hipotéticas supeditadas a ciertas condiciones. Dado que es difícil saber cuál es el derecho vigente ahora, es muy difícil predecir cuál habrá de ser la decisión judicial a futuro, pues, adicionalmente, hay muchos factores que influyen en una decisión judicial. Finalmente, Ross acepta que la propia predicción es un factor material que puede influir en el contenido del fallo. Así las cosas, y para cerrar esta presentación, según Ross, el problema de qué es el derecho vigente nunca se refiere a la historia, sino siempre al futuro. Pero, como bien sentencia el personaje de Antonioni en la película *La noche*, "el futuro no empezará nunca".

Ross arriba a esta conclusión luego de modificar el sentido más básico de las maneras como solemos entender el derecho: confiere una relevancia extrema al derecho judicial, el derecho no se dirige a los súbditos; si nos preguntamos cuál es el derecho de hoy realmente nos estamos preguntando cuál es el derecho de mañana; si nos cuestionamos por el derecho vigente, no nos referimos ni al pasado ni al futuro, pero tampoco al presente. El tiempo de vigencia en Ross termina por carecer de tiempo: es realista, pero el derecho que al parecer es un fenómeno material no se aparca en ningún espacio-tiempo. Un realista que trabaja con abstracciones bastante inasibles. Un tiempo inexistente que recuerda el título de la película *Un día, un gato. La historia que nunca existió*, de Voltech Jasny.

Es extraño que el sustantivo vigencia, que suele ser usado en el sentido de actualidad o vigor presentes, termine por significar lo contrario: lo que nunca es actual. El realismo jurídico de Ross no puede ser más irreal. El derecho nunca es presente, sino que siempre hace parte de un futuro quimérico. No vivimos en la certeza del derecho de hoy, pues a través de vericuetos argumentativos Ross concluye el absurdo de que el derecho no pertenece al tiempo al que pertenece. Ross vive el derecho como un proyecto, y eso, como lo advierte Naranjo, es dejar de vivir el hoy, su perspectiva es la de aquellos hombres para quienes "del presente solo conocen el 'ir'" (Naranjo, 343). Se expone Ross a la crítica de Giacomo Marramao, según la cual el futuro se convirtió en el único tiempo relevante luego de despreciar el pasado y el presente.

En Alf Ross el tiempo siempre es expectativa dado que nunca estamos viviendo su tiempo; siempre es futuro inasible. El tiempo del derecho no existe con nosotros que creíamos vivir bajo su dominio, nosotros, varados en un presente sin normas jurídicas que guíen nuestras acciones. Las sentencias que confirman el derecho de hoy solo tienen lugar en el futuro en el cual ya no las necesitamos. El juez siempre llega tarde, pues habita un tiempo que no es nuestro tiempo. Cuando alcanzamos en nuestro viaje por el tiempo hacia el futuro –en el cual nos movemos a una velocidad de una hora por hora– la sentencia esperada, ya nuestro presente es pasado lejano de cara a un orden jurídico anacrónico que nunca coincidió con nosotros. Ross desapareció el derecho. Su realismo de las predicciones nos condujo a vivir sin normas jurídicas. Como prestidigitadores siempre estamos en la sala de espera para conocer el derecho de un presente que ya es pasado. Pero no salimos de la sala de espera nunca. El derecho es predicción de un presente jurídico que no existe. Ross pareciera dar sentido a los negacionistas del tiempo: el tiempo no existe porque el pasado ya pasó, el futuro aún no llega y el presente es un punto tan fugaz como ilocalizable.

Un cierre abierto

Este ensayo queda abierto, por ello, lo abandono con una propuesta de reflexión que quizá merecía un capítulo aparte: ¿cuál sería la iconografía del derecho y el tiempo? Si las iconografías del derecho hoy nos resultan lugares comunes, por ejemplo, la diosa justicia provista de balanza, venda y espada; el martillo del juez sobre el código del derecho o la "pirámide kelseniana". Más allá, en el horizonte, el *Leviatán* de Hobbes, y algunas otras. Esas iconografías no nos remiten de inmediato al tiempo. Realmente ninguna pareciera hacer referencia al tiempo. Así que no es solo la teoría, la filosofía o la ciencia del derecho, es también la iconografía, la metafórica, etc., la que no integra el tiempo al derecho como un componente más decisivo. El tiempo no es parte central de nuestros análisis como estudiosos del derecho.

Este ensayo solo busca sugerir vías de reflexión para enriquecer nuestras perspectivas acerca de las relaciones entre el tiempo y el derecho. Considero que tenemos mucho trabajo por hacer; un trabajo valioso y emocionante que involucra elaboraciones procedentes de las más diversas disciplinas asociadas al derecho a fin de entender mejor esta forma de regulación de la conducta humana interferida. Quizá debiéramos resignificar el lugar del tiempo en el derecho y para ello es probable que debamos reiniciar algunas tareas que ya damos por concluidas.

Título: Derecho y tiempo

Autor: Mario Montoya

Técnica: Collage, pastel, tinta y grapas

Dimensiones: 49 x 64 cm

Año de ejecución: 2024

Descripción conceptual de la obra

"Negar la sucesión temporal, negar el yo, negar el universo astronómico, son desesperaciones aparentes y consuelos secretos. Nuestro destino (a diferencia del infierno de Swedenborg y del infierno de la mitología tibetana) no es espantoso por irreal; es espantoso porque es irreversible y de hierro. El tiempo es la sustancia de que estoy hecho. El tiempo es un río que me arrebata, pero yo soy el río; es un tigre que me destroza, pero yo soy el tigre; es un fuego que me consume, pero yo soy el fuego. El mundo, desgraciadamente, es real; yo, desgraciadamente, soy Borges", dice el escritor argentino en el ensayo "Nueva refutación del tiempo" (2017, 427).

El tiempo habita y puebla el derecho: plazos, prórrogas, prescripciones, caducidades, extinciones, cargos *pro tempore*, periodos, grupos etarios, tiempos para adquirir un derecho, tiempos para perderlo, certificados de defunción y de supervivencia, tiempo de privación de la libertad, tiempo de libertad condicional, secuencias de requisitos, etapas para el cumplimiento de una obligación, orden de precedencia, hora fijada para conectarse a una reunión y muchos más.

Bibliografía

Attali, Jacques. *Historias del tiempo*. Madrid: Fondo de Cultura Económica, 2016.

Arendt, Hannah. *De la historia a la acción*. Barcelona: Paidós, 1998.

Bachelard, Gastón. *La intuición del instante*. Ciudad de México: Fondo de Cultura Económica, 2002.

Bauman, Zygmunt. *Tiempos líquidos: Vivir en una época de incertidumbre*. Barcelona: Tusquets, 2007.

Beccaria, Cesare. *De los delitos y de las penas*. Bogotá: Temis, 1987.

Benjamin, Walter. "Tesis de filosofía de la historia". En *Discursos interrumpidos*, 177-191. Madrid: Taurus, 1973.

Bobbio, Norberto. "Sobre el principio de legitimidad". En *Contribución a la teoría del derecho*, editado por Alfonso Ruíz Miguel, 297-306. Madrid: Debate, 1990.

Borges, Jorge Luis. *Borges esencial*. Madrid: Alfaguara, 2017.

Borges, Jorge Luis. *Fervor de Buenos Aires (1923)*. 1969. https://www.literatura.us/borges/fervor.html.

Camps Cervera, Victoria. *El declive del ensayo*. Medellín: Editorial Universidad de Antioquia, Colección Leer y Releer.

Capella, Juan Ramón. *Fruta prohibida. Una aproximación histórico-teorética al estudio del derecho y del Estado*. Madrid: Trotta, 1997.

Conrad-Martius, Hedwig. *El tiempo*. Madrid: Revista de Occidente, 1958.

Ehrlich, Eugen. *Escritos sobre sociología y jurisprudencia*. Madrid: Marcial Pons, 2005.

Elias, Norbert. *Sobre el tiempo*. Madrid: Fondo de Cultura Económica, 1989.

Facio, Alda. "Metodología para el análisis de género del fenómeno legal". En *Género y derecho*, editado por Alda Facio y Lorena Fríes, 99-136. Santiago de Chile: LOM, 1999.

Ferrajoli, Luigi. *Por una constitución de la tierra: La humanidad en la encrucijada*. Madrid: Trotta, 2022.

Fraisse, Paul y Goody, Jack. "Tiempo". En *Enciclopedia Internacional de las Ciencias Sociales*, vol. 10, 325-344. Madrid: Aguilar, 1977.

Foucault, Michel. *Defender la sociedad*. Madrid: Fondo de Cultura Económica, 2001.

Foucault, Michel. *El pensamiento del afuera*. Valencia: Pre-Textos, 1993.

Foucault, Michel. *La verdad y las formas jurídicas*. Barcelona: Gedisa, 1996.

Foucault, Michel. *Vigilar y castigar. Nacimiento de la prisión*. Madrid: Siglo del Hombre, 1998.

Foucault, Michel. *Las palabras y las cosas*. Ciudad de México: Siglo XXI, 1978.

García, Adriana. "Una mirada, tres tiempos. El tiempo en la propuesta del sociólogo Anthony Giddens". *Sociológica*, año 22, número 64, 227-240, mayo-agosto de 2007.

García Villegas, Mauricio. *La eficacia simbólica del derecho: Sociología jurídica del campo político en América Latina*. Bogotá: Debate e Instituto de Estudios Políticos y Relaciones Internacionales de la Universidad Nacional de Colombia (IEPRI), 2014.

Giddens, Anthony. *Social Theory and Modern Sociology*. Cambridge: Polity Press, 1987.

Graeber, David. *Trabajos de mierda: Una teoría*. Barcelona: Editorial Ariel, 2018.

Grand Ruíz, Beatriz Hilda. *El hombre y el tiempo*. Buenos Aires: Ediciones Clepsidra, 1981.

Grimberg, Carl. *La Edad Media*. Ciudad de México: Daimon, 1987.

Guyau, Juan María. *La idea de tiempo*. Buenos Aires: Tor, sin fecha.

Han, Byung-Chul. *El aroma del tiempo: Un ensayo filosófico sobre el arte de demorarse*. Barcelona: Herder, 2021.

Hart, Herbert. *El concepto de derecho*. Buenos Aires: Abeledo Perrot, 1963.

Hawking, Stephen. *Historia del tiempo: Del* big bang *a los agujeros negros*. Barcelona: Círculo de Lectores, 1988.

Heller, Hermann. *Teoría del Estado*. Ciudad de México: Fondo de Cultura Económica, 1997.

Heidegger, Martin. *Ser y tiempo*. Ciudad de México: Trotta, 2009.

Husserl, Edmund. *Lecciones de fenomenología de la conciencia interna del tiempo*. Madrid: Trotta, 2002.

Hamilton, William Gerard. *Lógica parlamentaria*. Ciudad de México: Ediciones Coyoacán, 2010.

Innerarity, Daniel. *El futuro y sus enemigos: Una defensa de la esperanza política*. Barcelona: Paidós, 2009.

Kahneman, Daniel, Sibony, Olivier y Sunstein, Cass. *Ruido: Un fallo en el juicio humano*. Madrid: Debate, 2021.

Kelsen, Hans. *La paz por medio del derecho*. Madrid: Trotta, 2008.

Klein, Étienne. *Las tácticas de cronos*. Madrid: Siruela, 2005.

Koselleck, Reinhart. *Futuro pasado*. Barcelona: Paidós, 1993.

Lefebvre, Henri. *La producción del espacio* (prólogo de Ion Martínez Lorea, introducción y traducción de Emilio Martínez Gutiérrez). Madrid: Capitán Swing, 2013.

Lefebvre, Henri y Régulier, Catherine. "El proyecto ritmanalítico". *Revista Ciencias Sociales*, número 169, 221-227, 2020.

Lippincott, Kristen (editora). *El tiempo a través del tiempo*. Barcelona: Grijalbo, 2000.

Mackinnon, Catharine. "Hacia una teoría del Estado y el Derecho". *Revista de Derecho y Humanidades*, números 3 y 4, 155-168. Santiago de Chile: Universidad de Chile, 1993. https://derechoyhumanidades.uchile.cl/index.php/RDH/article/view/25800.

Marramao, Giacomo. *Mínima temporalia: Tiempo, espacio, experiencia*. Barcelona: Gedisa, 2009.

Marx, Karl. *La cuestión judía*. Buenos Aires: Nuestra América, 2004.

Naranjo, Jorge Alberto. "El uso del tiempo". En *El problema del tiempo*, 343-352. Medellín: Universidad Nacional de Colombia, 2000.

Nietzsche, Friedrich. *El Nacimiento de la tragedia*. Madrid: Edaf, 1998.

Nietzsche, Friedrich. *De la utilidad y los inconvenientes de la historia para la vida. Segunda consideración intempestiva*. Madrid: Tecnos, 2018.

Oficina Internacional de Pesas y Medidas. *Sistema Internacional de Unidades* (9.ª edición). Edición en español a cargo del Centro Español de Metrología, 2019. https://bit.ly/4eLhKZJ.

Panikkar, Raimon. "La diversidad como presupuesto para la armonía de los pueblos". *Wiñay Marka*, núm. 20, 105-114, mayo de 1993.

Pateman, Carole. *El contrato sexual*. Barcelona: Antropos, 1995.

Poincaré, Henri. *El espacio y el tiempo*. Ciudad de México: Universidad Nacional Autónoma de México, 1964.

Plessner, Helmuth. "Sobre la relación del tiempo con la muerte". En *El hombre ante el tiempo*, 53-97. Caracas: Monte Ávila, 1970.

Rees, Martin. "Interpretación del principio y del fin". En *El tiempo a través del tiempo*, editado por Kristen Lippincott, 284-295. Barcelona: Grijalbo, 2000.

Robert, Jean. *Los cronófagos. La era de los transportes devoradores de tiempo*. Ciudad de México: Ítaca, 2021.

Ross, Alf. *Sobre el derecho y la justicia*. Buenos Aires: Editorial Universitaria de Buenos Aires, 1977.

Ross, Alf. *Hacia una ciencia realista del derecho*. Buenos Aires: Abeledo Perrot, 1961.

Ritzer, George. *La macdonalización de la sociedad. Un análisis de la racionalización en la vida cotidiana*. Barcelona: Ariel, 1996.

Saint-Exupéry, Antoine de. *El principito*. Barcelona: Salamandra, 2019.

Tilly, Charles. *Coerción, capital y los Estados europeos, 990-1990*. Madrid: Alianza, 1992.